U0031927

管教要掌握鬆緊

校長爸爸的38堂民主型教養課

暢銷新增版

親職教育專家
黃登漢—著

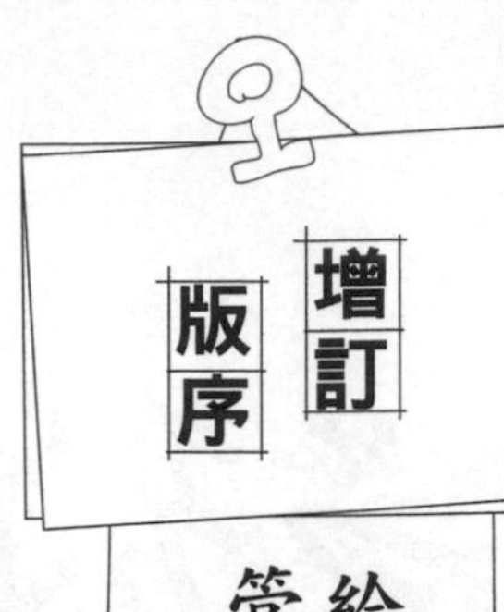

增訂版序

給現代父母的教養建議 管教要掌握鬆緊

生孩子很不容易，養孩子很辛苦，教育孩子更是困難。不管時代怎麼演變，望子成龍，望女成鳳，是所有父母共同的期望。

希望孩子健康，希望孩子聰明，希望孩子能高人一等，每個人都這麼想著，希望孩子成功，所以，負責盡職做牛作馬，再辛苦也願意，只怕自己做的不夠，孩子將來就注定了失敗。

其實，做負責的父母並沒有錯，但是要教養成功的孩子，並不是負責就可以，也不是辛苦就可以。

飽受尊重的孩子，卻不尊重他人。深受疼惜的孩子，卻不珍惜他所得到的。一個小天使般的孩子，一天天的長大，卻成了小惡魔，他驕縱，他霸道，他浪費，他懶惰，他不負責任，他亂發脾氣，他有一些優點，缺點卻是一籮筐。這不是一個用心良苦的父母所該得到的報應，這卻是一個用錯方法的父母必然得到的結果。

根據調查，現在父母教養子女的壓力竟然大過於工作，可見大家肯定是關心孩子的，但也說明了很多人無法享受教養孩子的樂趣。

因為教養孩子確實是一件很不容易的事情。太多太多瑣碎的方法和技術，只是讓父母負擔更重，深怕遺漏了什麼，深怕做錯了什麼，每天惶恐不安，而不安的父母，又怎麼可能是成功的父母？

其實，做父母除了原本就有的愛心之外，只需要一些基本的原則和簡單的方法，除了食、衣、住、行這些基本的生活上的供應之外，正確為父母之道就是快樂的和孩子在一起，在這樣的氣氛之下，引導孩子。

父母親沒有壓力，沒有負擔，孩子不會排斥，不會抱怨，所以親子之間沒有了摩擦，有的是良性的互動，有的是愉悅的情緒，教育已經成功了一半。成功的父母不必是辛苦的，快樂的父母也可以是成功的父母。因為在快樂的家庭氣氛中成長的孩子，跟父母的關係更親近，更喜歡學習，更喜歡自己的成長。

怎麼做呢？來看書吧！管教要掌握鬆緊。喜歡學習的父母養出喜歡學習的孩子。

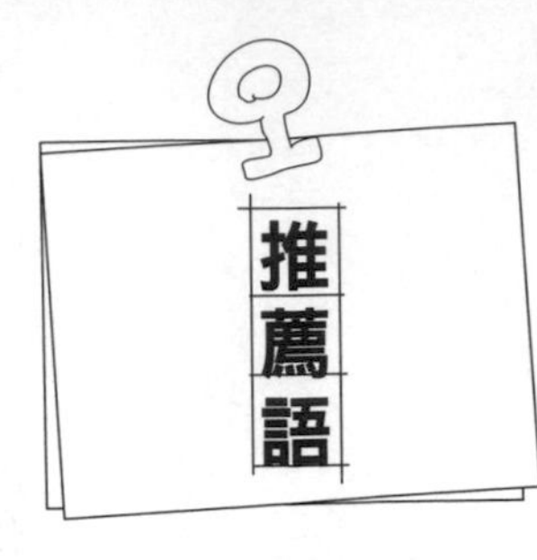

一位快樂的現代爸爸，暢談他教養子女的經驗和心得。這本書值得新手父母們細細閱讀。

——林良／兒童文學作家

這本由校長爸爸寫的書，提出相當多實用的方法，教家長如何在良好的親子互動下，務實的解決教養問題，並且培養孩子優秀的問題解決能力！

——林瑋／童書作家、中華民國兒童文學學會常務理事

其他名人推薦

※靜宜、暨南、清華大學榮譽教授　李家同
※知名作家、國立台灣藝術大學老師　鄭如晴
※知名演員　尹昭德

• 讓孩子快樂的學習也是教養的魅力。（黃登漢校長／提供）

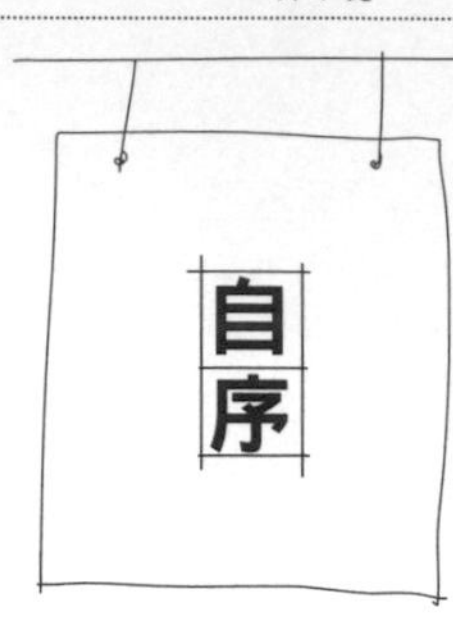

自序

兒子考完大學，放榜以後，常跟著高中的一群死黨好友聚會，有一天，他從外頭回來，頭髮竟然染成了綠色，做媽媽的嚇呆了，不知道要做什麼反應。身為父親的我，控制著情緒，很平靜地詢問著：「兒子，染頭髮我可以理解，但是，可不可以請教一下，為什麼染綠色？」兒子聳聳肩，把手一攤說：「我們相約去染髮，我抽籤抽到綠色的。」我驚訝的說：「抽到綠色，你就染綠色？」兒子回答：「不然怎麼辦？」我拍拍他肩膀，稱讚的說：「你們真是好朋友，你做人很講信用，很夠意思。」

這是兒子在青少年時期，我們父子互動之中的諸多事件的其中一個，很多父母親在面臨孩子青春期時的叛逆，常會因為氣憤，接著情緒失控，然後搞砸了所有親子關係，我們家的青少年，沒有叛逆期，原因很簡單，因為我不主觀、不權威，對於事情可以有良好的溝通。**良好的溝通是一種尊重，是因為長時間以來的瞭解和信任。**

學校教育的失敗，往往是老師不肯花時間瞭解學生，就用自己的經驗教導學生。家庭教育的失敗，同樣的，是父母不瞭解孩子，以為自己的付出是辛苦的，自己的安排是正確的，到頭來，卻是兩敗俱傷。在現在的時代，我們不可能再嚴管嚴教，但是愛的教育絕對不是溺愛，民主式的教養也不是投票表決，做為父母的，觀念要調整，方法要改進，真的關心小孩，就要瞭解他們。

因為我們兩夫妻都在上班，所以大兒子出生到五歲，是由住在附近的外公外婆照顧，這第一個也是唯一的孫子根本就是他們心目中的寶貝，除了寵愛之外，還是寵愛。無微不至的細心呵護，像在侍候王子，冬天洗澡時拿報紙塞門縫，還把電暖器搬進浴室，就怕寶貝孫子冷著。正因為如此，這孩子特別嬌弱，稍有風寒就感冒。個性也是驕縱無比，完全以自我為中心，從不考慮別人。

這個孩子雖然聰明伶俐，但是我們知道有太多的問題，其實，夫妻兩人身為國小老師，深深體會「孩子就是我們的招牌」，如果自己的孩子都教養不好，還要家長放心地把孩子交給我們，要家長信任我們，那豈不是個笑話？所以，我們在教育工作當中，不斷地跟孩子接觸，也不斷地學習跟孩子相處的方法，我們從學生的問題當中，瞭解了他們父母的問題，我們從學生的行為當中，體認出他們家庭的教養，進而，把這些吸收來的經驗和觀念，用在自己的家庭教育。

妻子認為兒子還是由爸爸來教的好，我也樂得承擔這看似辛苦，其實是有趣的工作。孩子小時候，我幫他們修理故障的玩具，他們既感謝又佩服，覺得爸爸好神奇、好棒。假期的時候，帶他們去戶外接觸大自然，尤其在我熟悉的海邊，他們更覺得爸爸真是好厲害、懂得好多。帶他們放風箏，教他們騎腳踏車，陪他們游泳，抓蜻蜓、捕蝴蝶，在孩子的心目中，爸爸簡直像個無所不能的超人。講故事，說笑話，猜謎語，堆積木，變魔術，家庭的氣氛愉快，而孩子更是快樂地成長，童年的這些愉快經驗，都變成孩子成長最大的動能。

他們喜歡家，喜歡家人，當然就不可能誤入歧途。他們知道，有人瞭解他，就不會感到孤單，所以會更勇敢、更有力量，在社會上立足、開創。兒子讀國中的時候，老師打電話來，說他跟壞學生在一起，要我們注意。做父母的我們並不擔心，因為我們瞭解他的交友狀況。放學回來，他總會跟我們談到他在學校的學習和各種活動。而老師口中所謂的壞學生，其實是一些功課不好的同學，兒子並不排斥他們，在下課的時間，常常跟他們一起打球、聊天。老師擔心我的孩子受影響，我們卻很放心，因為我們非常瞭解我們的孩子。

其實，民主式的教養並不困難，尊重孩子也教導孩子尊重他人，在家庭，就是尊重其他的家人，我們尊重他們，他們尊重父母和兄弟姊妹。遇到事情和問題，透過理性和感性的溝通，而不是權威的指責和情緒的叫罵。處理事情看起來比較花費時間，但事實上，問題越來越少，到後來根本不需要處理，這才是輕鬆。也因為尊重，就會有更多彼此的關懷，因為互相的關懷，家庭就更有凝聚力。孩子長大，不但沒有叛逆期，反而變成互相瞭解的好朋友。

人與人彼此不瞭解，怎麼會有感情？沒有感情，怎麼會感謝？怎麼會感恩？要讓孩子在成長當中，在生活當中，有感覺、有感觸、會感動，他自然會珍惜、會感謝。那他已經是一個健全的人，我們還有什麼要為他擔心的？

在家裡就有知心的好朋友，多美好的感覺，多棒的人生。這是身為父母養育子女最大的樂趣，也是最大的成就。

• 校長爸爸一家五口合照（黃登漢校長／提供）

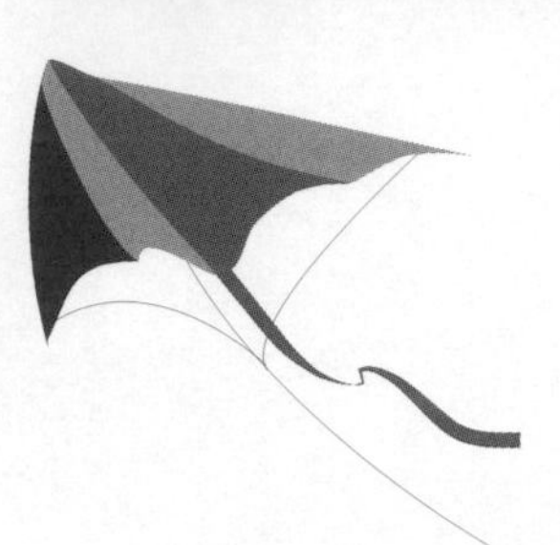

管教，要掌握鬆緊！目錄

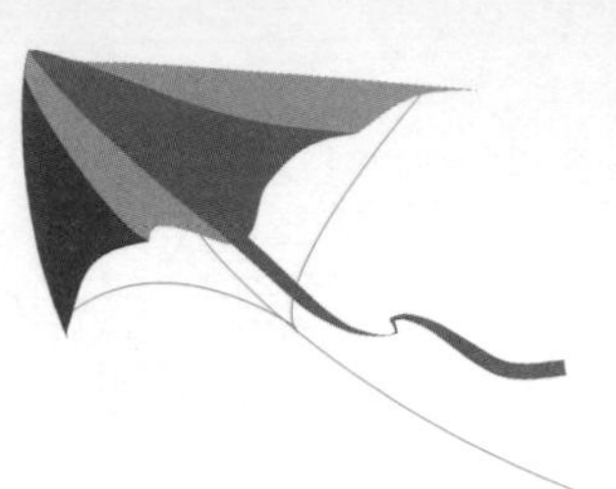

第二單元　丟掉教養的壞習慣！

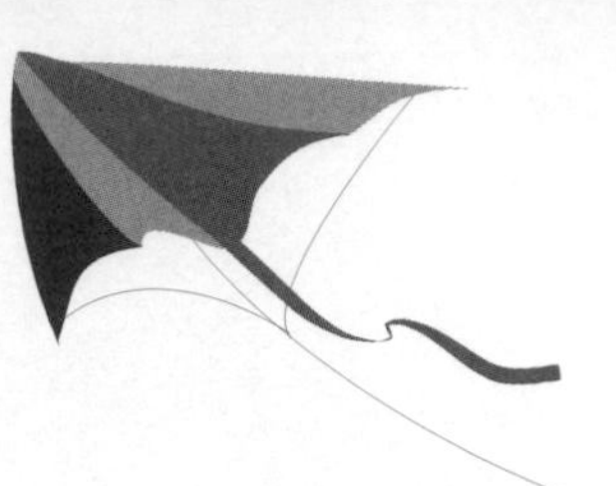

第三單元 怎樣教最有魅力？

生活篇

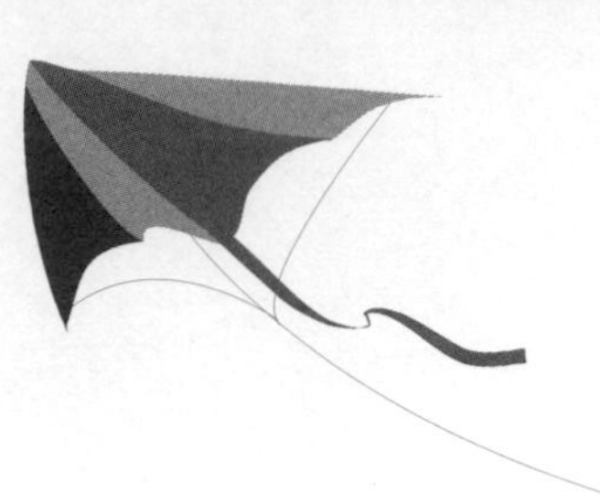

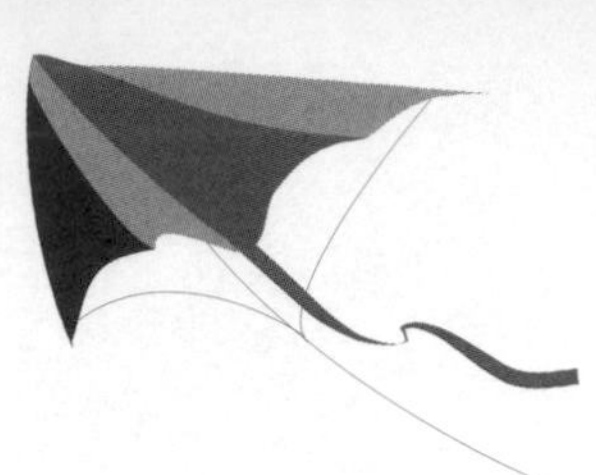

第四單元　在教養中和孩子一起幸福！

民主型教養的基礎養成

泥土與石頭

許多父母希望自己的孩子像泥土一樣，那麼容易捏，容易塑，可以隨著自己的意思成型，他們認為這是聽話懂事肯學習的好孩子。至於不聽話不容易改變的孩子，就是頑石了，又硬又重，簡直是不可教。

殊不知，泥土固然容易捏塑，但即使上釉鍛燒成了美麗的陶瓷器，卻仍是如此地脆弱易碎。而琢磨石頭是要費盡心力，但慢工細活的結果，可能磨出一顆晶瑩剔透的寶石，綻放無比的光芒。

即使是平凡、普通的石頭，經過撞擊與水的洗鍊，呈現著渾圓與樸拙的風貌，令人愛不忍釋，那才是父母的心血結晶。

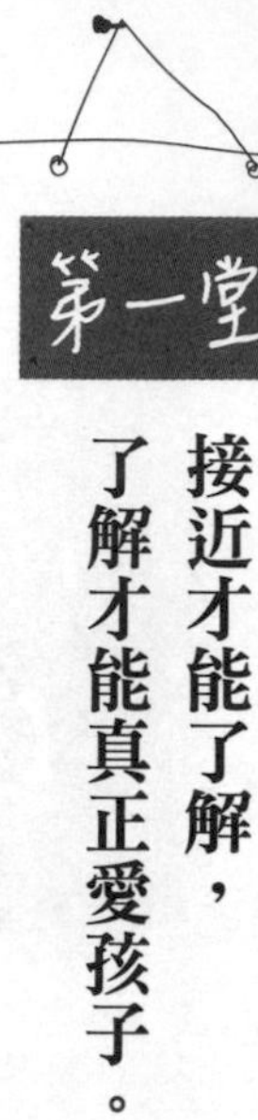

接近才能了解，了解才能真正愛孩子。

父母親可以多一些聆聽，不要動不動就有意見和指導才會進一步瞭解孩子的生活學習和想法。

這年頭每個人都很忙碌。為人父母，在外頭為了工作焦頭爛額，回到家中為了大小瑣事忙得不可開交；身為孩子，上學時忙著唸書考試、參加社團，下課後還得補課業、補才藝。「家」好像變成只是大家住在一起的那個建築物的代名詞而已，缺少了許多意義。

因為每個人都忙，在外頭也忙，回到家裡也忙，剩餘的時間用來休息都不夠了，還能經營什麼呢？這是許多家庭的寫照。然而，往往等到每個人都有空閒之後，關係已經變得很疏遠，一同住在一個屋簷下十幾年，卻好像不是很熟識。一旦孩子發生問題，父母親多半難以置信，因為他們對孩子的印象還停留在小時候，看看新聞事件發生時那些問題青少年的家長，總是說著：「我的孩子很乖，他一定是被朋友帶壞了。」這或許不是推託責任的說詞，卻透露出那種對子女完全不了解的悲哀。

父母親可以多一些聆聽，不要動不動就有意見和指導，才會進一步瞭解孩子的生活學習和想法。

要瞭解孩子，最重要就是降低我們的高度，接近他的視野，讓大人可以看到孩子所看到的世界。從孩子小時候開始，就應該安排家人在固定的時間相處，比方在晚餐的餐桌上，彼此傾訴這一天所發生的事情，父母親可以多一些聆聽，不要動不動就有意見和指導，這樣才能進一步瞭解孩子的生活學習和想法。這樣的互動，是最基本也最困難的，許多家庭連一同吃晚餐的時間也難以安排，不過即使一天只有十幾分鐘的時間可以和孩子好好坐下來說話，也該緊緊把握住，畢竟日積月累的資訊是也很可觀的，如果忽略這短短的十分鐘，等到有朝一日發現親子關係疏離，想再彌補時，才知道已經距離孩子的世界好遙遠。

從建立共同的話題當作起點，一起玩，一起認真，一起努力，感情會在無形之中逐漸深厚。

有些家長認為即使花了時間，孩子也不願意開口說太多自己的事情，那麼就應該想辦法，從建立共同的話題當作一個起點。閱讀同樣的書籍，觀賞相同的電影，即便太過忙碌，無法一同從事這些活動，但是先後看過之後，再討論其中的情節，分享彼此的看法，也就能夠打開話匣子。或者是收看同樣的電視節目，無論是綜藝節目，抑或是運動球賽，從討論藝人的動向，到分享比賽的內容，看似漫無邊際的談天，無意間會引導出個人的想法，比如對藝人行為的認同與否，對球員的運動精神為何崇拜，藉著與自身不相關的話題，卻能夠交流內心的觀點，這不失是一種瞭解孩子的方法。

• 透過從事共通的喜好，感情會在無形之中逐漸深厚。（黃登漢校長／提供）

如果可以和孩子有相同的興趣，那當然是再好不過的。親子一同打球運動，互相磨練技術，討論運動知識，分享彼此戰果；一起聽音樂，一起唱歌，不要只停留在自己的年代，也要學習孩子所接觸的流行音樂，這樣更不會有代溝。相約參觀展覽，觀賞表演，欣賞文學或藝術作品，分享心得與感動之處。透過從事共通的喜好，感情會在無形之中逐漸深厚，話題自然而然會不斷延伸，也就更容易分享生活中的一切。

坐在巨人的肩膀上固然是能夠看得更高更遠，可是摔下來的時候，是更重更痛。

有些三代同堂的家庭，父母親在與孩子的相處上，容易被上一輩干擾，並不是老人家不好，只是某些時候觀念落差太大，方法又不同，容易造成家庭教育的困擾。所以，製造機會，刻意把孩子帶開，也許外出公園散步，也許一起出門購物，也許房間裡遊戲聊天，私下的交談，總是比在人多的場合要容易得多。人們都喜歡分享悄悄話，講悄悄話的感覺，是關心、是親近、是秘密，也是朋友間才會有的行為。單獨相處之下，才能夠交流得更深入、更廣闊，親子間的瞭解也才更透徹。

這麼多的努力，目的在於能夠拉近與孩子間的距離，讓他覺得你和藹可親，把親子關係從嚴肅的上對下，轉變為平行的朋友關係。大部分的家長，都認為威嚴是很重要的，談話時總是圍繞著嚴肅的話題，不時提到課業、考試、成績，讓孩子看到父母親開口講話就想找藉口溜走。有些高學歷的家長，更是經常提到自己當年的成績是如何優秀，考試分數又是多麼傲人，這樣高成就的父母，認為孩子的立足點遠高過自己當年，應當要有更好的成果。卻難以分辨自己的高成就，到底是孩子的墊腳石或者是絆腳石？坐在巨人的肩膀上固然是能夠看得更高更遠，可是在上頭風很大，而摔下來的時候，是更重更痛。

不要用權力強求孩子聽從你學習你，應該透過相處，散發為人父母的魅力，讓他自然的接受你崇拜你。

有一對醫生夫婦，自認為對家庭教育作得不遺餘力，積極栽培自己的小孩，增進各種才藝、學習多國語言，在物質生活上盡全力滿足孩子，期望子女有一天能繼承衣缽，走入杏林。然而他們的女兒在大學聯考前一個月，卻突然間情緒崩潰，無法應考，這時候他們才驚覺自己完全不瞭解孩子，從沒有想過孩子真正想要什麼，只是把自己的期許硬是加諸在孩子身上，所幸經過一年的心理治療，他們的女兒終於走出情緒的陰霾，並且考取自己真正有興趣的科系。

而我們隔壁鄰居，則是亡羊補牢最好的例子，有一天他突然發現，跟小孩搭不上話，說出來的內容，總是離不開那幾句：「考試考得怎樣？」、「吃飯了沒？」、「零用錢夠不夠用？」，他的孩子其實還算乖巧，只是父子之間變得很陌生，於是他下定決心要改善親子關係，在孩子高中生涯的三年間，每天早上送孩子去學校，利用這段路程，增加相處的時間。如今每當這已經念大學的兒子回家來，總可以在巷口看見父子兩人有說有笑的身影，令人好生羨慕。

要瞭解自己的孩子，必須接近孩子，多和他相處，跟他像朋友般聊天，分享彼此的世界，親子關係才會更加緊連親密。不要用權力強求孩子聽從你學習你，應該透過相處，散發為人父母的魅力，讓他自然的接受你崇拜你。別把忙當藉口，生意可以少做一點，工作和應酬可以減少一點，家庭才是重點，家人才是最重要的。想一想，在自己家裡就有著好朋友，是一件多麼愉快和美好的事。

個性決定人生，態度決定輸贏

落落大方的態度，這樣的孩子人見人愛到處受歡迎，長大之後，是一種人際關係的發展能力，甚至是重要的工作能力。

孩子念高中一年級的時候，興沖沖地回來說著想要去參加救國團冬令營的活動，原本我們是很開心的，感受到吾家有子初長成的歡愉，可是聽到他要參加的是大雪山登山活動時，觀念較為保守的孩子的媽，就不是那麼贊同。「不知道會不會有危險。」這是她最先想到的事情，但是孩子表示臺灣平地不下雪，他從來沒有看過真正的雪，好渴望能夠看到一片冰天雪地的蒼茫景象。於是我們被孩子說服，同意讓他去開拓視野，接著我們到登山用品社，採買應有的禦寒衣物，帽子、手套、腳套、透氣保暖衛生衣等等，看著孩子在房間裡把登山背包塞得滿滿地，出發的那一天早晨，送他到車站，簡簡單單就告別了。

當時手機還未普及，五天登山的行程，自然是音訊渺茫，孩子的媽擔心極了，整天看氣象報告擔心氣候不佳，又三不五時盯著新聞臺，就怕會看到登山客出事的消息。然而時間過去了。當我們到車站接他的時候，看見兒子雖然拖著疲憊的腳步，雙眼卻炯炯有神，做媽媽的終於放心下來。回家的路上，兒子興高采烈說著爬大雪山的過程，在雪地裡走到雙腳無力了，但依舊邁起步伐前進，夥伴們彼此打氣激勵，雖然才剛認識，卻都能互相扶持。三餐只有乾糧和飲料，就寢時在山中小屋的地板上，鑽進睡袋倒頭就睡，根本也沒有辦法洗澡，一路上種種的困難辛苦，似乎都是美好的經歷。即使回到了家裡，兒子依舊侃侃而談分享著這次的經驗，他認為一個人堅強的意志力足以忍受極大的痛苦，克服許多的困難。

其實從孩子小時候我就希望他們能練習面對困境，習慣面對

• 讓孩子練習自己搭公車，也是訓練獨立的好方法！（薛玫玲/提供）

陌生環境。小兒子因為生性比較內向，常被他哥哥嘲笑，連搭公車，也不敢揮手招車，簡直是超級膽小鬼。後來他要去英文班補習的時候，剛開始我陪著他坐了兩次公車，他緊緊跟著我的身後，就怕跟丟，第三次我只陪他走到公車站牌，當我離開的時候，只看到他眼巴巴往我這裡望，第四次就讓只有三年級的他，自行坐公車去補習，當他知道連走到站牌的路也得自己去，小兒子沒有抱怨或多說什麼，乖乖穿起鞋子背著書包就出門了。我知道他是個依賴心重卻能獨立自主的孩子，放手讓他自己面對不喜歡的情況，無法逃避，自然而然就會適應調整，結果後來兩年多通車補習的日子，他自己處理的很好。即使有幾次零錢不夠，也能知道變通，先跟英文班的老師商借，從沒有一次讓我擔心過。

落落大方的態度，這樣的孩子人見人愛到處受歡迎，長大之後，是一種人際關係的發展能力，甚至是重要的工作能力。

我們上館子吃飯的時候，也是孩子們遊戲競爭的時候，比賽看誰先把帳算清楚，輸的人就得要乖乖去付帳，剛開始弟弟當然老是輸給哥哥，但是弟弟比較不喜歡去跟陌生人打交道，為了不要每次都落得去買單的結果，久而久之，他的心算也進步得越來越快，而累積數次比賽失敗只好去結帳的經驗後，他也漸漸對於買單一事不再那麼害怕和排斥。所以每次出門吃飯，除了訓練孩子的數學，也利用機會磨練他們與陌生人的進對應退。

偶爾去到朋友家裡，無論做爸媽的再怎麼說破了嘴，他的小孩就是開不了口叫一聲叔叔，讓一群大人尷尬的不知該如何是好。這種情形在我們的家裡卻從未有過，因為平常與親戚往來頻繁，家中也經常有朋友來串門子，所以基本的禮貌從很小就開始培養訓練，孩子與人打招呼寒暄的能力，幾乎是成為反射動作一般，即使是遇見了陌生的客人，或者是到我們的朋友家中作客，有了落落大方的態度，開口問候自然也不會是一件難事。而這樣的孩子人見人愛到處受歡迎，長大之後，這更成為一種人際關係的發展能力，甚至是一種工作上重要的能力。

呵護過了頭，就會讓孩子錯失成長的機會，必須適度讓他在生活中去嘗試融入陌生環境，學習如何融入人群，與人相處。

大方的態度是成功的基石，勇敢的精神是成功的動力，我們自己在社會上工作、生活、與人交往，清楚的知道，態度是所有事物成敗的關鍵。不用依靠學校，不必仰賴老師，家庭是培養孩子正確態度的最佳場所，做為父母教導子女，就是從他們小時候開始，在生活中不斷的薰陶，藉由一件又一件事情當中學習，讓我們的子女能夠有禮貌，養成開朗的個性，大方的儀態和刻苦耐勞不怕困難的精神，這樣便是為他們的人生奠定了最好的基礎，儲備了最佳的能力。

勇氣與大方是能夠培養的。沒錯，孩子在小的時候需要被保護，然而呵護過了頭，就會讓孩子錯失成長的機會，必須適度讓他在生活中嘗試面對陌生環境，學習如何融入人群，與人相處。尤其家庭排行老大的孩子會成為其他孩子學習的對象，如果兄姊能習以為常的事情，多多少少對弟妹而言，也會認為是理所當然的。

我們家裡的兩個孩子打工的經驗都很足夠，其實家中經濟尚稱寬裕，孩子只要專心唸書就可以，但是他們在大學階段，都認為自己未來要進入社會，若有打工經驗多少可以作為將來的參考，這些是我從未要求的，然而因為從小埋下了種子，孩子自覺到勇氣與大方的重要性，也就不斷地自我要求、自我成長，而這樣的孩子我們根本不需要操心。

所以真正聰明的父母不會只在乎考試的成績和分數，真正有智慧的父母不會把孩子的害羞當成乖巧，把孩子的懦弱當成斯文。望子成龍，望女成鳳，是天下父母心。要孩子成龍成鳳，就要培養他們有那樣的態度和氣度。不然，格局養小了，當然也就不會有大的發展。愛孩子是所有父母都有的心意，但是，教孩子卻不見得所有父母都有足夠的認識。其實，想想自己，看看社會，成功所需要的特質是什麼？這樣我們教導子女所要掌握的重點，就非常清楚、明白了。

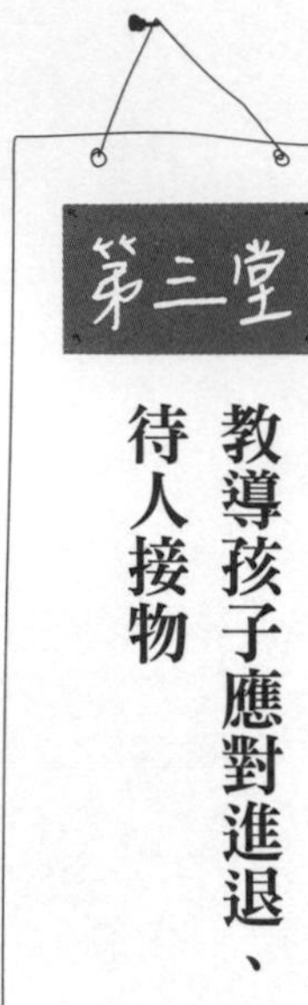

教導孩子應對進退、待人接物

> 懂得應對進退，大方的態度，開朗的個性，良好的溝通表達技巧，都是在社會當中很重要的能力。

在孩子學習成長的過程中，父母一定很希望自己的子女不但擁有良好的學業成績和各項才藝，更期望他們有良好的人際關係。而這些應對進退，大方的態度，開朗的個性，良好的溝通表達技巧，都是將來進入社會裡很重要的能力。

如果孩子天生內向，個性怯懦，那又該如何是好？固然在學校的團體生活中，孩子可以因為與同儕的互動，學習到不少與他人相處的能力，但是因材施教的細膩作法，有時在一個班級三十多位學生的情況之下，老師常常會顯得心有餘而力不足，因此，老師不見得能充分照顧到每一個孩子。

所以作為孩子的父母親，又怎麼能只寄望學校和老師教導，而忽略了自己的影響力。在這裡我給予爸爸媽媽們一些建議，提供一些實際的作法，讓大家參考。

讓孩子有發表敘述的機會，能夠侃侃而談，有條理有組織的說話。

首先，加強孩子的語文能力，讓孩子有發表敘述的機會，透過親子聊天，說故事，角色扮演遊戲的方式，讓孩子在沒有壓力的情況，能夠侃侃而談，有條理有組織的說話，這是基本功夫。

這樣的作法，除了與父母親在一起，還要擴展到在更多人面前也能做到，因此，親朋好友的聚會，例如：和爺爺、奶奶、叔叔、阿姨的家庭活動裡，讓孩子有表演的機會，背誦唐詩也好，說故事也好，演布偶劇也好，

• 讓孩子練習自己買車票，能達到在生活中訓練孩子膽量的效果。（薛玫玲/提供）

鼓勵他，獎賞他，讓他能夠大方勇敢的表現。

進一步的，帶孩子出門，到餐廳用餐，到商店、賣場購物，從陪著孩子買單，然後讓孩子自己去結帳，一步一步慢慢來，看起來很平常的事，就在生活當中建立起孩子的膽量。

從家裡做起，家中的禮儀是培養孩子禮貌最重要的基礎。

我自己的孩子小時候非常膽小，看到人不敢打招呼，還會躲在父母的身後，連頭都不敢露出來，但是經過一次又一次的引導，甚至派他去跟餐廳老闆交談接洽，諸如再要一副餐具或是增加座位的小事，都是藉機會，讓孩子與陌生人接觸，敢面對，敢開口，還學會進對應退，到現在，已經是一個彬彬有禮，態度大方，人人稱讚的青年了。

但是，也有不少小孩是活潑好動的，沒有規矩，不懂禮節，雖然膽子夠大，但卻是令人頭疼的闖禍大王。父母親看自己的孩子可愛，又覺得年紀還小，因此，放縱孩子成了唯我獨尊的小霸王，長大之後，根本就無法管教，那時，後悔也已經來不及了。

對於這種類型的孩子，在學前教育階段，就要花心思去教導，除了在家要求對長輩的禮貌之外，更要訂定家規，例如：不可以隨便拿用別人的東西，吃零食要先問過父母，吃飯要等大人上桌才可以開動進食，即使是父母親幫他做事情，也要說謝謝……等。

從家裡做起，這些家中的禮儀，就是培養孩子禮貌最重要的基礎，當然，出門在外，帶著孩子排隊買票候車，甚至帶孩子到安靜高雅的餐廳吃飯，利用餐廳的氣氛，來要求孩子表現出小紳士、小淑女的風度，不可以四處亂跑，不可以高聲喧嘩，都是非常有效的機會教育。

培養孩子待人接物的禮節，父母的教養才是最重要的關鍵，這是孩子一生中極為寶貴的資產。

禮貌絕對不能依賴學校老師的教導，父母的教養才是最重要的關鍵。活潑和禮節是沒有衝突的，許多父母以為愛的教育就是不打罵小孩，就是不管教小孩。而事實上不打罵是對的，不管不教卻是極大的錯誤。

父母可以用溫柔的態度，堅定的原則來要求孩子，培養孩子正確待人接物的禮節，這是孩子一生中極為寶貴的資產，遠比讀書考試的分數或者是才藝更為重要，而這一類的教導都宜早不宜遲，這樣才是真正的不讓孩子輸在起跑點上。

這些是現在年輕父母最容易忽略誤解，甚至不知所措的地方，也是親職教育中，最重要的一環。當我們忽略了孩子的態度，那麼其他一切的學習，都顯得頭重腳輕，本末倒置了。

教導孩子大方開朗自信和禮貌，要從家裡開始，要從小就開始。

教養手札

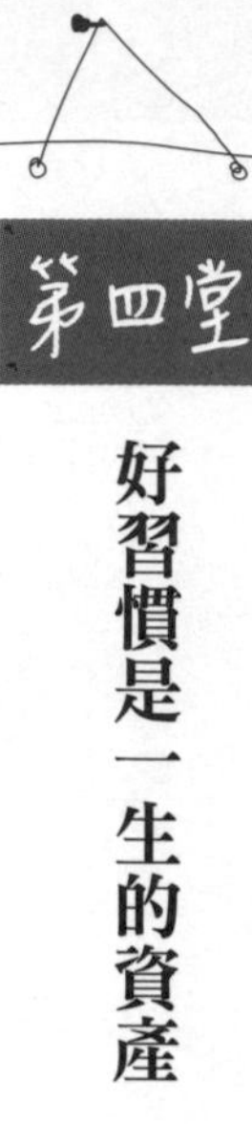

好習慣是一生的資產

所有的父母都希望孩子能成龍成鳳，在成長的道路上無不用盡心思，栽培孩子、照顧孩子。在乎孩子的學科與術科成績，到各種補習班讓孩子補數學、補英文、補音樂、補美術；關心孩子的健康與身體發育，尋找各式營養劑和偏方讓孩子補身高、補體重、補頭腦、補體力。為孩子做這麼多事，卻忽略了影響人一生一世的習慣，也在成長之中不知不覺的養成。

所謂習慣就是已經固定不容易改變的行為，很可能會一輩子形影不離的跟著人，直到終老，而良好的習慣將是孩子一生的本錢，不好的習慣卻會造成一輩子的傷害。甚至，我們可以說成功的人不只是有能力，他們還有著良好的習慣與態度。即使是對一般人而言，好習慣也讓我們工作順利生活愉快受人歡迎。所以，習慣對於人生有著長遠的影響，絕對不能看輕。

一生一世的習慣，在成長之中不知不覺的養成。父母親最有責任也最有能力，養成孩子的習慣。

要養成好習慣，以後避免壞習慣的生根，最簡單且有效的方式，就是訂立檢視表。

習慣是從小在日常生活中養成的，因此父母親最有責任也最有能力建立孩子的習慣。一般父母不是不管，而是看到就唸，見到就罵，但是一忙就忘，沒看見就當沒發生，等到壞習慣養成了，已經根深柢固為時晚矣。那麼，怎樣有效的協助孩子的好習慣養成，和避免壞習慣的生根呢？最簡單且有效的方式，就是訂立檢視表。簡單的用電腦做出表格化的內容，標上日期，條列式的項目，只要孩子做到了，就打勾確認（如下頁表格參考）。剛開始並不需要列出太多的項目，否則對孩子來說，可能會有反彈的心態，認為被規範太多，難以執行，必須循序漸進，隨著孩子的進步，慢慢增加項目的數量。

至於項目的確立，無論孩子的年紀是多大，最好都要由親子共同討論來決定。一方面，孩子對於自己參與訂立的目標，會比較有認同感，願意去執行，另一方面，讓孩子可以衡量自己的能力所為，不要好高鶩遠，也不會眼高手低。經過一陣子的實行之後，再次的討論調整內容，讓一切合理化，生活化，對孩子來說，會更有動力。

幫助孩子好習管養成〔檢視表〕

日期	項目內容	備註
9/6（一）	☑1.每天至少閱讀一個小時。 ☑2.每天晚餐以前把功課做完。 ☑3.不可以偏食。 ☑4.每天至少要喝一千C.C.的白開水。 ☑5.飯後要幫忙媽媽收拾餐桌或洗碗。	今天忘記帶水壺，所以沒喝水，明天一定要記得！
9/7（二）	☑1.每天至少閱讀一個小時。 ☑2.每天晚餐以前把功課做完。 ☑3.不可以偏食。 ☑4.每天至少要喝一千C.C.的白開水。 ☑5.飯後要幫忙媽媽收拾餐桌或洗碗。	YA！今天通通完成！
9/8（三）	☑1.每天至少閱讀一個小時。 ☑2.每天晚餐以前把功課做完。 ☑3.不可以偏食。 ☑4.每天至少要喝一千C.C.的白開水。 ☑5.飯後要幫忙媽媽收拾餐桌或洗碗。	哈哈哈！又完成了一天！

9/9（四）	9/10（五）	9/11（六）	9/12（日）
☑ 1.每天至少閱讀一個小時。 ☑ 2.每天晚餐以前把功課做完。 ☑ 3.不可以偏食。 ☑ 4.每天至少要喝一千C.C.的白開水。 [?] 5.飯後要幫忙媽媽收拾餐桌或洗碗。	☑ 1.每天至少閱讀一個小時。 ☑ 2.每天晚餐以前把功課做完。 ☑ 3.不可以偏食。 ☑ 4.每天至少要喝一千C.C.的白開水。 ☑ 5.飯後要幫忙媽媽收拾餐桌或洗碗。 ☑ 6.晚上十點以前要睡覺。	☑ 1.每天至少閱讀一個小時。 ☑ 2.不可以偏食。 ☑ 3.每天至少要喝一千C.C.的白開水。 ☑ 4.飯後要幫忙媽媽收拾餐桌或洗碗。 ☑ 5.打電動跟看電視不可以超過兩個小時。 ☑ 6.要把自己的房間整理乾淨。	☑ 1.每天至少閱讀一個小時。 ☑ 2.不可以偏食。 ☑ 3.每天至少要喝一千C.C.的白開水。 ☑ 4.飯後要幫忙媽媽收拾餐桌或洗碗。 ☑ 5.打電動跟看電視不可以超過兩個小時。 ☑ 6.要把下週上課的東西準備好再睡覺。
耶！媽媽，今天我們吃匹薩不用洗碗，那我可以打勾嗎？	明天是假日，不小心看電視看太晚了！	YA！房間打掃乾淨好舒服喔！	下個禮拜要考試，還好我都已經把功課做好了！

項目的內容包羅萬象，生活上的習慣都可以列入作為評比標準，包括積極建立優良習慣，或者是消極排除壞習慣。譬如有關於學習的部分，要求孩子每天至少閱讀一小時，或是按時將回家作業完成；衛生方面，要求孩子餐前洗手、餐後刷牙，每天按時洗澡，每週自行整理打掃房間等等；飲食的部分，則可以規範孩子不可以偏食，不吃垃圾食品，每天至少要喝多少西西的水；運動對大部分的孩子來說應該不是問題，但還是要有計畫達到一定的運動量，因此列入檢視表可以清楚量化，也是可行的。

檢視表一定要貼放在一個大家都容易看見的地方，因為看見檢視表就像是一種無聲的提醒。

檢視表一定要貼放在一個容易看見的地方，譬如房間的門上、床頭或是書桌前，孩子在進進出出房間的時候，看見檢視表就像是一種無聲的提醒，提醒自己該依照要求去實行。至於檢視的時間一定要固定下來，最好在每天晚上睡前檢視孩子一天的表現如何，就好像古人曾子所說的：吾日三省吾身。這樣的確也會讓孩子養成另一個好習慣，思考一下一天的作為如何。

每週把孩子的表現統計完成之後，就要依照數據獎懲，有的父母親喜歡用實質的物品做為獎勵，不過，用特許來當作獎勵的效果共實會更好，可以用孩子喜歡的事情當作獎勵，表現達到一定水準之後，可以換取時間來打電動、看電視、上網。如果表現不好的時候，剝奪或取消原有的福利，譬如減少原有的娛樂時間，或者是減少可以出門找同學的時間，盡量不要以事件去處罰，這樣很容易讓孩子對這些事件產生厭惡及反感，例如因為表現不好而要幫忙做家事，會讓孩子覺得家事就是一種負擔，一種辛苦的勞動，反而應該要把這樣的事件列在項目中，以正面鼓勵的方式讓孩子去做、去學、去習慣。

父母親如果沒有毅力去執行，一張不定時檢討的檢視表，對孩子來說一點約束力也沒有。

任何的事情，要燃起最初的那把動力之火容易，要持續下去才是最困難的部分。父母親本身如果沒有毅力去執行，一張不定時檢討的檢視表，對孩子來說一點約束力也沒有，很多父母親都容易犯這樣的毛病，開始的立意極好，卻因為一曝十寒，讓後面的執行斷斷續續，失去了效果。所以，不僅僅要經常提醒孩子依照各項

協助家長與孩子互動的〔檢視表〕

日期	內容	備註
9/6（一）	☑1.要回家吃晚餐。 ☑2.不可以喝超過三杯咖啡。 ☑3.要說睡前故事給我們聽。	今天加班，來不及吃晚餐，抱歉！
9/7（二）	☑1.要回家吃晚餐。 ☑2.不可以喝超過三杯咖啡。 ☑3.要說睡前故事給我們聽。	OK！
9/8（三）	☑1.要回家吃晚餐。 ☑2.不可以喝超過三杯咖啡。 ☑3.要說睡前故事給我們聽。	OK！
9/9（四）	☑1.要回家吃晚餐。 ☑2.不可以喝超過三杯咖啡。 ☑3.要說睡前故事給我們聽。	OK！
9/10（五）	☑1.要回家吃晚餐。 ☑2.不可以喝超過三杯咖啡。 ☑3.要說睡前故事給我們聽。	OK！
9/11（六）	☑1.要帶我們出去玩。 ☑2.要說睡前故事給我們聽。	OK！
9/12（日）	☑1.要帶我們出去玩。 ☑2.要說睡前故事給我們聽。	下禮拜要考試，星期天就不出去玩囉！

目去執行，激勵孩子用優良的表現換取獎勵，父母自己也要記得定時檢視表格，統計數據，給予孩子獎勵與懲罰。

建立互動式的檢視表，也許能帶來許多意想不到並且令人驚喜的效果。

如果父母親容易因為工作忙碌而忽略，建立互動式的檢視表，也許能帶來許多意想不到並且令人驚喜的效果。父母親可以與孩子各自建立一張檢視表，互相檢討，互相約束，父母親的項目可以非常簡化，譬如戒煙、減少喝酒應酬、減輕多少體重、維持每週運動量、為了健康控制進食量或食物種類等等。在各自有約束的事情要遵守之下，就好像一種彼此的競賽，能夠增加執行的趣味性，互相提出檢討，也就可以延續執行的動力，更重要的是，父母親以身作則表現出的自制力，對孩子而言，這潛移默化的效果絕對是非常巨大的。

好習慣是一生的資產，壞習慣是一世的負債！

這是行為改變技術的運用，也是親子關係的一種良好模式。老是唸個不停的父母雖然是為孩子好，但是孩子完全不能感受到父母的善意，只覺得爸媽嘮叨和囉唆。為人父母的覺得費心又費力，還搞得親子關係緊繃，真不值得。所以，運用電腦做張表格，科學一點有效率一些，把檢視表當成和孩子的相互約定，每天睡覺前反省一下，給他的好表現一個甜蜜的擁抱，沒做好的事項檢討勉勵要加油，這是多麼美好的親子互動。

好習慣是一生的資產，值得我們協助孩子養成；壞習慣是一世的負債，千萬要幫助孩子戒除，這是比學業成績還重要的事，為人父母可別忽略了。

教養手札

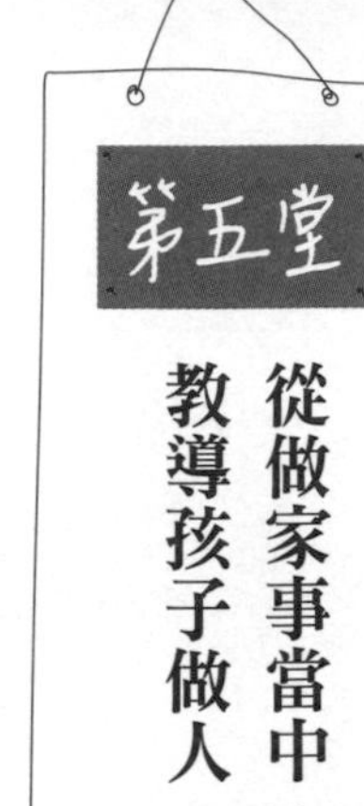

從做家事當中，教導孩子做人

做家事並不會影響孩子讀書，反而是責任感和勤勞習慣的培養，對於課業學習是一種幫助。

在富足的現代社會，許多父母親認為，自己有能力，有地位，不必讓孩子做一些不需要做的事情，專心一致的讀書求學，力求未來能出人頭地。父母親望子成龍、望女成鳳的心情固然正常，可是什麼是所謂的成功？當孩子只會讀書，缺乏其他的能力，在社會上生存會多麼辛苦？我們常常看到很多可笑的新聞和現象，有大學生離開家門出外唸書，遇到要自己開伙的時候，竟然拿洗碗精洗米，還有許多人，每個禮拜把髒衣服打包回家給父母親洗，甚至有的父母親不放心自己的小孩獨立生活，舉家搬去大學附近照顧孩子。導致有些人都三十歲了還離不開父母，因為，他們沒有生活能力，沒有辦法照顧自己。

其實做家事，對孩子而言是一種很好的學習。現在的小孩，年紀輕輕就必須負擔家計的情況不常見，大多是在家裡當個小王子、小公主，久而久之，性格懶散了，態度也傲慢了。讓孩子幫忙做家事不但不會影響孩子讀書，反而是責任感和勤勞習慣的培養，對於在學校的課業學習是一種幫助。

讓孩子分擔些家務，訓練生活基本能力，也增加他的耐心。

一個家庭的組成，並不是只有父母親而已，孩子也是其中的重要元素，既然有家庭，就會有家務，每個人在家中製造出來的家務，固然不用平均分擔，可是也該要部分負責，尤其，一些簡單的工作，交給孩子做是最好不過的。

環境打掃，與我們的生活和健康息息相關，孩子不需要做到多麼細微的打掃，平常只要把自己的東西收拾整齊，擦拭清除灰塵。偶爾在假日，全家動員一同打掃，父母親帶著孩子做，養成孩子良好的衛生習慣，指導他如何做好環境的維持工作。譬如說，使用吸塵器的方式，該怎樣才能把角落的灰塵清除，以及由上而下的清潔打掃方式，才可以讓灰塵一次從地板上清掃乾淨。適當的勞動也是一種很好的休閒活動，不一定非要出外遊玩，非要看電視打電腦，才能從書本世界抽離。打掃完之後，就是倒垃圾，除了打掃出來的垃圾之外，平常一般製造的垃圾，也可以讓孩子去倒，並且學習垃圾分類、垃圾減量，減少製造不必要的垃圾。

接著，是洗衣工作，現在幾乎家家戶戶都有一臺洗衣機，所以洗衣服已經不再像以往那樣需要體力，連小孩也能輕鬆操作洗衣機。既然如此，教導孩子使用洗衣機，把深色淺色衣服分開來洗，還有該如何晾衣服，怎樣的衣服要平晾，怎樣的衣服不能放進烘衣機烘，收衣服時分清楚每一個家人的衣物，摺衣服也可以培養自己的耐心。這樣一來，就不會出現孩子跟父母親爭吵，為什麼制服沒有替他洗好？害他上學被老師處罰。正所謂，給他魚吃不如給他釣竿，以後孩子有需求，也有了能力，自然不會產生這樣的問題。

還有飯前的準備工作：拿碗筷、盛飯、端菜，以及飯後的收拾工作：收拾碗筷、收拾剩菜到冰箱、擦桌子、洗碗。這樣的家務，是每天最基本也是最簡單的工作，然而簡單的工作，也有其技巧跟注意事項在內。盛飯時要記得每個家

• 讓孩子適當的分擔家務工作，可以培養孩子的責任感。（黃登漢/提供）

人的食量來斟酌，打包剩菜到冰箱之前，務必等到菜涼了之後，才不容易變質等等。父母親辛苦工作，讓家人溫飽，那在用餐的時候，讓孩子盡一點心力，為家庭作一點貢獻，體恤父母親工作的辛勞，負起一些基本的責任。而且，這些家務是以後必然會面對到的，無論如何，吃飯是不可避免的一件事，至少學會如何打點收拾，不要連叫了外賣來吃，最後的結果也只是杯盤狼藉，堆放在桌上招惹蒼蠅蟑螂。

將來成家立業，孩子也將成為人家的父母，這些能力其實是必備的。

如果父母親願意更進一步教導孩子，洗米、煮飯、炒菜、切水果，讓他成為分擔家務的重要成員之一，這樣的孩子，成熟得快，懂事得早，因為他會覺得他也可以替家裡貢獻一份心力。除此之外父母親也可以放心讓他自己照顧自己，尤其將來成家立業，孩子也將成為人家的父母，這些能力其實是必備的。隨著孩子年齡的成長，家事的學習從簡單到複雜，從容易到困難，學習烹煮食物，一方面能夠理解父母親扶養小孩的辛苦，一方面也可以從準備材料、料理、收拾善後的過程中，培養做事情的方法與耐心。

有很多事情，是可以帶著孩子做的，讓孩子陪著父母親做。譬如：上市場買菜，學習挑選新鮮的魚肉；煮飯時讓孩子當助理，幫忙挑菜、洗菜；修理家中水電時，他可以當個小助手幫忙遞工具。這些過程中，不只是培養孩子對於家務的處理能力，也是最好的親子時間，一邊做事情一邊聊天，不會感覺突兀，有的父母親為了增進親子關係，特地找小孩聊天，經常會適得其反，讓孩子覺得奇怪彆扭，藉由這些瑣碎時間建立的溝通管道，其實才是最為珍貴的。

學習做家事，讓孩子有獨立生活的能力之外，養成勤勞自動自發且負責的態度，才是真正最重要的部分。

鄉下親戚的庭院中經常會有枯枝與樹葉，他的小孩最喜歡幫忙打掃這些雜物，因為每當清掃完畢，他們會一起點火將枯枝落葉燒成灰燼，作為肥料，小孩子看到火總是又害怕又興奮的，而他們父子倆在這經常性的活動中，雖然交談並不是很多，可是感情卻因此越來越好。

有一個朋友，對自己的小孩萬分呵護，幾乎從來不叫他做家事，有一次，又要煮飯做菜，又得去等垃圾車，實在分身乏術，於是請孩子幫忙去倒垃圾，想不到孩子竟然回嘴說：「如果我聯考考不好，你不要怪我。」朋友既傷心又難過，想一想才發現，這一切都是長時間以來自己造成的，卻是為時已晚。

試想，到底是考試、成績、學歷重要？還是成就一個人的態度重要？讓孩子做家事，並不是一種痛苦的勞動，家事多半瑣碎，需要的不是體力，而是時間與責任，學習做家事，讓他有獨立生活的能力之外，養成勤勞自動自發且負責的態度，才是真正最重要的部分。不要做一個後悔的父母，從孩子小時候就一點一滴的教導他，學習生活的能力，做事的態度，將來，不管學業成績如何，他肯定會是一位健全獨立的人，父母親也才能夠真正的放心。

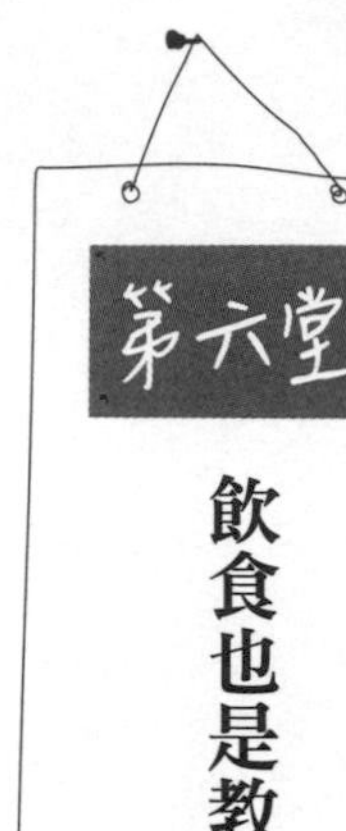

飲食也是教育的一環

在飲食之中，也蘊藏了價值觀的養成，面對食物，就像在面對人生的問題一樣。

競爭激烈的現代社會，我們注重孩子的學業、成績，希望他們能夠多加努力唸書，得到好的名次，考上好的學校，這樣未來才會有有好的發展。可是我們卻經常忽略生活上的能力，甚至是健康的重要性。人每天都要吃飯，但是有多少人把這件事視為一件重要的事情？我們幫孩子準備午餐、晚餐，常常只是在意他們有沒有吃，吃的份量夠不夠，其他的好像什麼都不重要，殊不知在飲食之中，也蘊藏了價值觀的養成。

一般的父母，對於孩子的飲食習慣並不十分在乎。喜歡吃漢堡、喝可樂，那有什麼關係？遇到喜歡吃的食物，像是零食、餅乾，放任孩子沒有節制的食用，等到發現孩子的身材已經走樣，像吹氣球一樣成了圓滾滾的小胖子，這時再來要求孩子運動、減肥，這豈不是一件可笑的事情？一般動物的本性，就是會把眼前能夠吃下去的食物，通通給塞到肚子裡，因為在自然界之中，吃飽了一餐，下一餐不知道在哪裡。然而，在人類的文明社會中，食物多半是可以輕易取得的，這種暴飲暴食的本性，就該受到節制，否則，我們與動物有什麼分別？

食量還算是容易控制的部分。有些家長，認為自己的孩子沒有過胖就是健康，可是整天看起來沒有精神，體力也不好。問題出在哪裡？當然就是沒有均衡的飲食。對於孩子來說，偏食是一件很常見的事情，油炸類的食物大家都喜歡，淡而無味的青菜就比較難入口，更別說有些青菜本身的味道強烈，像是紅蘿蔔、洋蔥、青蔥、青椒、苦瓜……等等。還有一些顏色比較特別的蔬果，譬如茄子、紅菜、甜菜，顏色太過鮮明，往往令人退避三舍。更不用說口感怪異的秋葵、山藥，有些孩子根本無法下嚥。上述這些容易被列在「偏食黑名單」的青菜，卻富含各種營養，孩子長期拒絕食用，當然容易因為飲食不均衡，產生大大小小的毛病。

面對這些不喜歡的食物，就像在面對人生的問題一樣，生活中很多事件，不是我們可以選擇的，就從對食物的嘗試開始，養成孩子對事情開放的態度。吃個一口、兩口，並沒有多麼痛苦，習慣了也就不覺得難吃，甚至會喜歡吃。若是因為食物的外表，就拒絕品嘗，可能會錯過了人生中許多美好的事物。偏食，讓人失去健康、失去美食，甚至失去在生命中挑戰各種不同新事物的勇氣，這是多麼可惜的一件事。

培養孩子在飲食中，學到不浪費卻又不勉強的態度，學習到過與不及都不是好的態度。

除此之外，我們也要拿捏好分寸，培養孩子在飲食中學到不浪費卻又不勉強的態度。有些孩子拒絕吃隔夜菜，認為那是不好吃的東西，然而，父母親要把每一餐的份量都準備的剛剛好，是不太可能的事情，只因為是隔夜菜就不吃，就倒掉，這樣子不珍惜食物不惜福的態度，將來也會延伸到其他的事物上，變成浪費的個性。

有的時候，去外面的餐廳吃飯，真的是特別美味，孩子容易因為吃到愛吃的食物，就拼了命想塞進肚子裡，然而，勉強吃進肚子的東西，即使原本再美味，也

•讓孩子體會飲食的美味之餘，也要懂得飲食的禮貌！（皓予媽媽/提供）

會因為吃了太多而不再那麼可口，更有可能因為過量而傷身體。所以，拿捏飲食的分寸，也可以讓孩子學習到過與不及都不是好的態度，斟酌現況與能力，才能夠不浪費，又不勉強自己。

另外有一個在健康飲食上，很容易被父母親忽略的，那就是早餐。平常上學時，可能因為起床太晚，匆匆忙忙，孩子的早餐就忽略了；或者是到了週末，家裡每個人都忙著補眠，睡醒來之後可能都接近中午了，乾脆等到中午再一起吃。這種飲食習慣是非常不好的，人經過了一夜的睡眠，胃已經好幾個小時沒有進食，如果又不立刻吃點東西，很容易導致精神不好，尤其是平常上學，如果因此昏昏沈沈，也會影響到學習效率。

帶著孩子去超市採買食材，讓孩子對食物更多一分瞭解，也就會多一分謹慎，可以避免很多不必要的問題發生。

如果孩子已經培養了好的飲食習慣，接著就是，讓孩子瞭解食物的相關知識。帶著孩子去超市採買食材，指導他購物時要注意的事項，比如說，最基本的就是看看保存期限，千萬不要買到過期的食品；有的人天生有過敏體質，這時候就要注意食物的成分，現代的食物有很多加工品，一定要仔細看看添加物的成分，才不會因此而導致過敏發作；買回來的食物要如何分門別類保存，放在陰涼處的、放在冰箱冷藏冷凍的。這些重要的知識，讓孩子對食物更多一分瞭解，也就會多一分謹慎，可以避免很多不必要的問題發生。

注意餐桌禮儀，培養孩子的好習慣。

再更進一步要求孩子的，就是用餐的禮節，這對於衛生習慣，以及與人的應對進退，都會有很深刻的影響。比如說，飯前洗手，飯後刷牙，能夠避免吃進不潔的東西，並且保持口腔健康；如果談到禮節，挾菜時，不要讓筷子在盤中東挑西撿，四處攪和，讓別人吃進了你的口水，也破壞了菜的美觀。或者是在有轉盤的圓桌，必須等待別人挾完了菜再轉動轉盤。更重要的是，從這些禮節之中，會培養出一份真誠的心。等每個人都上桌了再開動，這就是一種最基本的尊重；替他人著想，每道菜都適量取用，留一份給別人享用，這就是一種最基本的體貼。有的家庭喜歡在吃飯時間看電視，不僅讓這個珍貴的親子時間流失了，失去談話的機會，更因為專注的看電視，還會影響食物的消化，更可惜的就是，對於孩子的餐桌禮儀失去教育的機會。

生活就是如此，處處留心皆學問。吃飯可以被視為只是填飽肚子，補充體力，一種基本的生理需求，也可以從中學習到許多不同的習慣、態度、健康知識和禮節，尤其孩子的可塑性高，藉由一餐又一餐的時間，一次又一次的提醒教導，經過長時間的潛移默化，將來無論是個人人格或是與人相處的人際關係，甚至是身體健康方面，都會有很大的幫助。這是為人父母可以做的，也是應該做的事。

• 讓孩子孩子學習正確的餐桌禮儀，是培養好習慣的第一步。（賴依蘭/提供）

丟掉教養的壞習慣！

肥料與農藥

我們像農夫一樣，孜孜不倦的在園地裡耕耘，栽培幼苗，全心全意盡心盡力。

但是我們常常自以為是的，不斷的給這些幼苗施肥，噴撒農藥，全然忘記了自然的因素。是不是不一樣的土壤，不一樣的植物，都該施以相同的人工肥料和農藥？

因此，爸媽很辛勞，孩子們卻更辛苦。

我們破壞了他們生長的環境。

我們給了一堆他們不需要的東西。

給了太多的養分，讓他們失去了主動吸收的能力。

幫他們除去了全部的蟲害，也讓他們失去了本身的抵抗力。

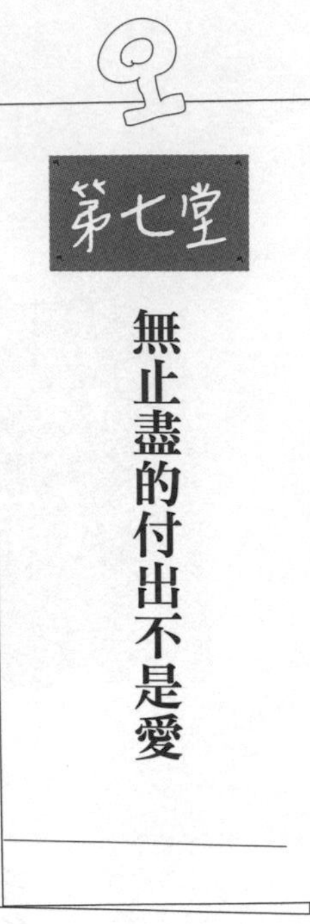

無止盡的付出不是愛

溺愛不是愛。很多父母對於教育一知半解，學習西方的教育方式，以為無盡的付出，甘心為孩子做一切，就是愛。卻不知道，沒有節制的愛，根本就是一種害。

這年頭，許多父母因為自己經濟能力不錯，所以供應孩子吃好的穿好的，買昂貴的玩具，穿名牌的服飾，上高級的餐廳，以為這就是對孩子好。在家裡，孩子當然是飯來伸手、茶來張口，什麼事都不用做，簡直個個就像公主、王子一樣。更可怕的是，孩子要什麼給什麼，連亂發脾氣使性子，父母親也順從著，說這樣叫做「愛的教育」。

住家離學校明明不遠，但是父母每天接送，弄得孩子沒人帶上街就會迷路。上學忘了物品，打個電話，父母就急急忙忙送來，比宅急便還方便。學校遺失物品招領一大堆，卻少有人來認領，因為父母不在乎，弄丟了就再買新的。就是這樣子疼愛孩子，卻讓小孩養成不負責任的習慣。

學校運動會的時候，只看到有些父母來到運動場就是給孩子送飲料、擦汗、照相，卻不關心孩子在表演的時候是不是認真？賽跑的時候是不是盡力？跟同學能不能合作？有沒有為同學加油打氣？坐在休息區裡，跟周圍同學的互動如何？他只在乎他的寶貝可不可愛？是不是被太陽曬壞了？是不是累了、餓了、渴了？完全忽略他的孩子是一個班級裡面的學生。為什麼別人經得起曬，他經不起曬？為什麼大家為榮譽而努力，他不在乎？顯然這樣充滿愛心的父母，卻是個外行的父母。

被溺愛的孩子，很難適應團體生活，沒辦法融入團體，人際關係自然有問題，將來又怎麼在社會群體裡面工作、生活？

• 幫助孩子融入校園生活，有助他人際關係的建立。（小魚媽媽/提供）

我在學校當老師，兒子在學校讀書，我要求他不准進辦公室，不可以找我，如果在校園遇見我要稱呼老師，不可以叫爸爸。這樣的要求只有一個目的，就是讓他沒有特權，沒有特別的照顧。學校舉辦運動會時我是老師，我要帶自己的班級，所以一整天沒去看過他，他也沒有抱怨。因為道理很清楚，在學校我是個老師，他和其它的同學一樣是學生。面對和其他人一樣的待遇，對他的成長是一種幫助。

現在有所謂的「怪獸父母」，保護孩子過度，只要孩子在學校這個團體生活裡，受了挫折，就指責是同學的不對，就指責是老師管教不當，永遠護著孩子、寵著孩子，最後的結果，卻是害了孩子。在家裡被溺愛的孩子，很難適應團體生活，沒辦法融入團體，人際關係自然有問題，將來又怎麼在社會群體裡面工作、生活？

不知道金錢的價值，和人生的意義，而養成好逸惡勞的習慣和不負責任的個性，當然就成了敗家子。

我們做父母的固然不應該當長官，總是訓話、嚴格要求，但是也不應該當孩子的奴隸，只是努力地伺候，唯恐怠慢。俗話說「富不過三代」，就是說這些在富貴人家中長大的孩子，早就沒有了第一代白手起家，刻苦耐勞的精神。從小有著大量金錢和物質的供應，讓他根本不知道金錢的價值，和人生的意義，而養成好逸惡勞的習慣和不負責任的個性，當然就成了敗家子。

有個朋友的孩子高三要考大學，他要孩子幫忙丟垃圾，孩子嘟著嘴說：「幹嘛叫我？」他說：「我正忙著炒菜，能不能麻煩你幫忙。」孩子說：「每天都是你，幹嘛要叫我？」他一再央求孩子，最後孩子悻悻然拿起垃圾說：「如果大學考不好，不要怪我！」在說起這件事情時，他眼眶都紅了。我說：「你平常做太多了。你聽聽你孩子說的『每天都是你』，顯然你的孩子長到十八歲了還沒丟過垃圾，這包垃圾對他彷彿有千斤重。這是你無盡付出的後果。」

同一年我們家兒子國三要考高中，他從外頭回來，正好遇到媽媽要去丟垃圾，他一把將垃圾搶去，還直嚷著說：「媽媽你不要出來，外面很冷！」孩子不只是丟垃圾而已，而是充滿了對媽媽的關懷。同樣是功課壓力很大，同樣是倒垃圾，但是態度相差這麼大。實在是朋友自願做牛做馬，把孩子寵壞了。

父母要做孩子的燈塔，而不是拖船，凡事為他準備、為他代勞，會讓孩子沒有能力，失去了動力，沒有人生目標。這樣的父母，無盡的付出愛，是對孩子的陷害。

一分耕耘應該有一分收穫，但是父母過頭的愛和付出，就像對植物施放了過量的肥料，不但不會幫助植物生長，還會讓它適得其反。父母要做孩子的燈塔，指引他方向，而不是當孩子的拖船，一路費勁的拖著他，凡事為他準備、為他代勞。這只會讓孩子沒有能力照顧自己，失去了動力，沒有人生目標。這樣的父母，無盡的付出愛，不是偉大，而是對孩子的陷害。

兒子要去臺南讀書的時候，我們幫忙載運棉被和衣物前往學生宿舍，只見同寢室的同學都已抵達，每一家的媽媽都忙著幫孩子清理衣櫃、擦拭床鋪、桌椅，而那些年輕人，玩手機、打電動，誰也不理誰。兒子自個兒清理他的床鋪，擦拭他的衣櫥，我們家彷彿有些什麼不大一樣。一年後，兒子問我還記得那些同學父母親的喜悅嗎？我說我記得那些爸爸媽媽們很高興孩子考上了國立大學，互相交談著，臉上充滿笑意。兒子說：「那你知道那些同學有好幾個已經退學回家了嗎？」我問：「為什麼？」兒子說：「他們被父母照顧了十八年，第一次離開家，完全不知道怎麼照顧自己、管理自己，生活作息混亂，缺太多課，當了太多科目，所以就被退學了。」

我們很難想像他們的父母，怎麼從喜悅中墜落，也不知道他們要怎麼面對這樣的事情。但清楚的是，被照顧過度的孩子，是沒有辦法自立的，不懂得自愛，經不起考驗。所以真正的愛，是陪著孩子成長，讓他動手做，比替他做重要。讓他懂得珍惜，比無止盡地供應重要。讓他有能力、有想法、有方向、有目標。有些企業家擁有萬貫家財，卻要孩子打工賺零用錢，進公司要從基層做起，就是這個道理。

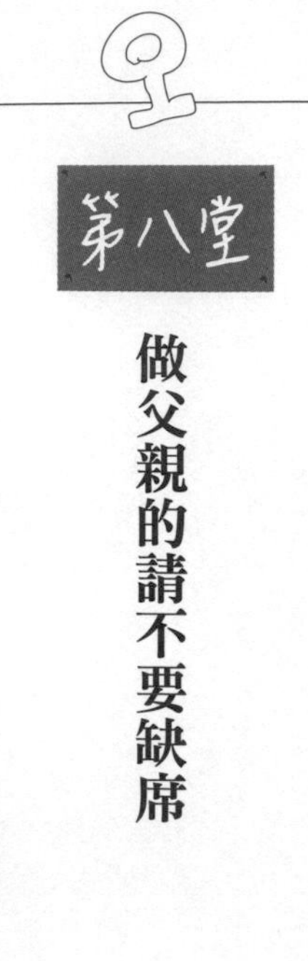

做父親的請不要缺席

現代社會中，家庭教育的重擔只交給媽媽去承擔，絕對是一件過份吃力的事情。

在我們的傳統觀念裡，「男主外，女主內」成為一件再平常不過的事情。以前大多數的家庭，父親賺錢養家，母親在家裡處理家務與小孩的教育，有關學校的活動，幾乎都是由媽媽參加，所以無論是一年一度的運動會、每學期的親職教育座談、班親會、甚至是接送小孩或者是有事跟老師聯絡溝通，也都是由母親出面，父親都到哪裡去了？彷彿教育子女是母親可以獨力完成的事情。

社會的變動如此迅速，家庭的型態，也有了很大的改變，近年來雙薪家庭的比例是越來越高，「男主外，女主內」的思想卻似乎沒有什麼改變，兩個人同樣都在上班，交際應酬仍然是男人在做的多，家裡頭的事依舊是靠女人一肩挑起，可是在現代社會中，家庭教育的重擔只交給媽媽去承擔，絕對是一件過份吃力的事情。

有的父親到了中年才把事業的腳步緩和下來，發現自己跟小孩的距離如此遙遠，感覺非常地陌生，偏偏這時候的小孩多半處在叛逆期，要在那脆弱薄如蟬翼的親子關係中立刻有所改變，簡直就是比登天還要難，生疏的親子關係，往往是這些中年男人的一大打擊，如果事實是如此，我們難道還可以認為家庭教育是母親一個人的事嗎？

教育就是一場拔河，如何畫出一條清楚的界線十分重要。

在孩子的心目中，父親往往是一個楷模、偶像，甚至是英雄，而且在無形之中，不論喜歡與否，孩子的言行總是會被父親所影響，如果對於他不夠重視不夠關心，關係漸漸地疏離，偶像的角色，可能變成陌生人，更甚者反而變成厭惡的對象。大多數的父親對於孩子的教育不參與，或是參與不足，其實是很嚴重的問題。對孩子不瞭解又想在家裡樹立起自己的權威，堅持爸爸說了算，爸爸說了就是沒得商量，可能母親好不容易跟孩子建立起一個清楚的獎懲機制，結果父親一回家，什麼都亂了調。

譬如說，媽媽已經煮好晚餐，孩子卻鬧著說要吃速食，如果爸爸只是不堪其擾就帶小孩去買速食，那媽媽要用怎樣的機制去跟小孩做談判溝通呢？又可能爸爸一時心血來潮，下班之後就買了孩子想要的禮物回家，表面上看來是很體貼的行為，可是原本是希望孩子在課業付出一定的努力之後再獎賞他，在這無由的獎賞之後，那又怎麼會有誘因來激勵孩子？簡單的說，教育就是一場拔河，如何畫出一條清楚的界線十分重要。太少與孩子接近，當然就不夠瞭解孩子，卻又想要在偶爾的參與中主導，當然是效果不彰，甚至適得其反。

尤其男生的教育方面，到了青春期，往往不見得是母親可以理解體會。

很多人認為家庭教育就該是「嚴父慈母」，爸爸只負責管教、

• 教育就是一場拔河，要懂得畫出界線。（黃登漢校長/提供）

處罰，用少和孩子對話來表現嚴肅，甚至更苛刻一點，對孩子一個口令一個動作，這樣子，孩子只會認為爸爸像個指揮官，不願意親近。而且如果有之前所提到的，對教育參與不足，對孩子的瞭解不夠深入，一回家看到孩子叛逆、不乖的行為，立刻給予處罰及責罵，可是，他可能在學校被欺負了，所以回家才不想跟任何人說話，或者是考試沒有考好，心裡很失落而產生不想唸書的態度，也許有了心儀的對象，正在為了青澀的初戀而苦惱。不夠瞭解就直接處罰他，沒有真正關心這些行為背後的原因，往往只會做出判斷錯誤的管教而已。

尤其在男生的教育方面，到了青春期，在外面遇到一些事件，往往是什麼都不說，變得沈默寡言，把自己封閉起來，這些東西，不見得是母親可以理解體會的，如果父親可以適時介入，平常就多聊聊天，建立相互信任的關係，當然，偶爾談談自己年輕時候的一些成長經驗，談談自己也曾經犯過的錯誤、面臨的矛盾、遭受的問題，這樣同理心的談話，讓孩子的成長有前人的經驗可以參考，自然可以解決很多問題。

當父親的，可以做的事情很多，只要願意付出時間，跟孩子在一起，就可以展現父親的價值與風範，來營造良好的親子關係。

父親也可以扮演一個平衡的角色，在孩子的教育上，如果母親的獎賞太鬆散，讓孩子太容易得到，那可以協助調整，或者母親偶爾在氣頭上不能控制情緒，爸爸就可以出來緩和一下氣氛，甚至接手問題，讓情緒不佳的媽媽離開現場，對於事情有絕對的幫助。另一方面，要教導孩子去感謝媽媽，當媽媽的人，每天辛苦地煮飯給全家人吃，還要打掃整間屋子，清洗一家人的髒衣服，這些大大小小的家務事，實在是讓人疲憊不堪，藉由爸爸的口中，讓孩子知道這一切是媽媽辛勞的付出，要懂得感恩，而不是視為理所當然。

當父親的，可以做的事情很多，只要你願意付出時間，跟孩子在一起，從孩子小時候，就可以展現父親的價值與風範，來營造良好的親子關係。家裡的電器、水龍頭、腳踏車、甚至孩子的玩具有所故障需要修理，或者拆開電扇清理，帶著孩子一起做，讓孩子在一旁從觀摩、學習到動手，這不只是生活常識上的學習，也增加了父子相處的時間，更在孩子心中無形間提升了對父親的崇拜和尊敬。

孩子的成長只有一次，做為父親的如果沒有即時參與，那將會是一件非常遺憾的事情。

假日裡陪著孩子從事休閒活動，一起運動流流汗，大喊大叫一下，還能增進健康。有時出門踏青，看看青山綠水，聞花香、聽鳥鳴，呼吸新鮮空氣，登高望遠，心曠神怡。或者跟孩子一起閱讀，培養平心靜氣坐下來的專注耐性。一同拿起畫筆隨意揮灑，表現出年輕的活力，展現出不同的創意。或許全家人可以來個棋類、撲克牌比賽，刺激腦力訓練邏輯推理。有空閒的時候，也可以跟孩子一起看電視、打電動，做他感興趣的活動，瞭解他感興趣的節目與話題，孩子自然而然就會把心門打開，認為你是他的朋友。

教育就是要從參與和瞭解來下手，當我們要種植花草的時候，如果沒有對它的特性有所瞭解，或是天天觀察它的生長狀況，那這花草要長的好可不容易。孩子也是一樣，多一份瞭解，對他的成長就能多一份幫助。

孩子的成長只有一次，做為父親的如果沒有參與其中，會是一件非常遺憾的事情，將來萬一孩子沒學好，作父親的當然難辭其咎，而且可能還有收拾不完的爛攤子。如果孩子很棒很有成就，父子之間卻沒有什麼情感，那樣的情況，孩子的成功，反倒成為了父親的失落。

想要做個真正的父親，想要享受真正的家庭幸福，請不要讓自己在兒女的成長中缺席。

第九堂

孩子不該是盆栽

別把孩子的發展與可能限制住了，唯有開放、自由的態度，才能讓孩子真正茁壯成長。

不知道你是不是親手種植過植物？所有的生物在幼小時總是脆弱的，所以剛種下去的植物，經常是種在花盆中，放置於室內，每天關照它的濕度溫度，關心有沒有病蟲害，定時照射陽光，定量給予水分，這盆植物肯定會長得很好。

而我們人類照顧小孩也是同樣的模式，從孩子出生的嬰兒期開始，費盡心思，用盡心力，仔細照顧他的三餐飲食，關心保暖跟健康，一切的一切就是愛，在科學昌明的現代，小孩往往可以健康快樂的度過幼兒期。

• 定時照射陽光，定量給予水份，盆栽也能長成大樹！（嫵馨/提供）

在許多父母的眼中，總覺得自己的孩子永遠長不大。

但是在許多父母的眼中，自己的孩子永遠長不大。即使年紀日益增長，父母親還是無微不至的照顧，在經濟上給予最大的支援，買得起的東西就買，替他安排補習班，安排課業的進度，準備考試的目標與科系，接送上下學以便保護他的安危。更細節的部分，為孩子準備每一天的餐點，就怕他餓著，勞勞碌碌洗衣服，怕孩子沒有乾淨的衣物可以換洗，替孩子辦手機繳電話費，幫孩子採購學校要用的文具，當他遇到報告或課業上的困難，還親自替孩子查資料甚至動手代工，幫孩子做作業。

對，這是文明社會演進的必然結果，有太多資訊與知識要學習，所以對於小孩的保護照顧時間變得比以前要增加許多，如果不是如此，好像就會在起跑點上落後，將來會變成社會中較低下的階層。於是許多父母心甘情願的做牛做馬，就怕為孩子做的不夠多，不夠久。

好不容易才度過求學階段，父母親又開始替孩子找工作鋪路，踏入社會的第一份工作格外重要，格外小心，既然還沒成家，那就住在家裡省點房租水電錢，如果他運氣差一點，工作總是不順，又跟以往一樣，住在家裡靠父母親提供經濟來源，靠父母親替他做家務，有的人甚至到了要結婚了，卻連存款也沒有，也是靠父母親拿出老本來舉行婚禮，最後，這些人變成了寄生家中的啃老族。

教養小孩，是希望他成為溫室的花朵還是枝繁葉茂的大樹？

回頭看看，植物的栽培是如此嗎？幼小時經過保護之後，如果只是栽種一般的草花，那可能就是永遠要靠著細心照顧來維持其外表的美麗，然而，草花的生命週期短，再怎樣呵護，也活不了幾年。倘若是栽種木本植物，逐漸長大的小樹，總是要移植到土地上去成長，接受大自然的日曬風吹雨淋，才能夠真正適應這個環境，長成一棵茁壯的大樹。

教養小孩，到底是希望他成為溫室的花朵，或者是枝繁葉茂的大樹呢？其實所有的父母當然都希望孩子好，也不希望孩子宛如溫室的花朵一般，那麼嬌嫩。想栽培孩子成為大樹一樣，是所有父母們努力的方向，然而，因為不敢也不肯放手，畸形地把孩子養成盆栽裡的樹，永遠長不大，要存活，就必須靠父母親不斷地往盆子裡澆水施肥，那是多麼悲慘的事。

不要害怕孩子受到挫折，有時候挫折反而是一種邁向成就的助力。

有些父母還認為我有能力照顧孩子，那有何不可呢？是啊，或許孩子不愁吃穿，可以按照父母親的安排過日子，不會有任何困擾，反正挫折、困苦、辛勞，都被父母親所編織的保護網給擋掉了。可是，正常狀態下，父母親終究會比孩子先走一步離開這個世界，即使留下家財萬貫，下一代若是沒有能力，不會支配管理金錢，又怎麼能夠照顧自己呢？

有個年輕人就讀國立大學，不但成績好，有禮貌又客氣。然而，他連公車都不會坐，因為父母親從小接送到大，更不要說基本的生活能力，洗衣服、煮飯、打掃，全都是由家裡的外傭處理，花起錢來絕不手軟，因為他從不知道賺錢的辛苦。跟他聊起天來，更是令人驚訝，他沒有什麼自己的想法，出國唸書也是父母親的主意，當然，他也不擔心未來的路，反正家裡經濟狀況不錯，如果自己真的找不到好工作，只要依附在父母親的羽翼之下繼續接受保護就好。這樣的年輕人越來越多，是代表社會的富裕，也代表我們將來會越來越沒有競爭力。

協助孩子找到自己的路，走向自己的未來，而不是替他鋪一條康莊大道。

孩子是寶，但是到底怎樣才對孩子好，真的要認真思考看看。一味的保護之下，要如何期待孩子真的能成龍成鳳，創造一番屬於自己的成就呢？即使會有擔心、害怕，也要嘗試著讓他一步步邁向獨立。培養他獨自生活的能力，食衣住行的處理都沒問題、生活起居不至於有困難，這是生物最基本的謀生能力，可千萬別喪失了。

協助孩子找到自己的路，

• 想讓孩子長得像大樹一樣高，那麼一些挫折的磨練是必要的！（皓予媽媽/提供）

走向自己的未來，而不是鋪一條康莊大道，讓他直直地往前進，無論怎麼樣，孩子都是個獨立的個體，而不是一個玩具、一個寵物，能夠擁有自己的想法，這才是人之所以為人的可貴。如果有機會，應該讓孩子去打工接觸社會，瞭解社會的形形色色，知道有這麼多不同種類的人，為了生活努力打拼，更可以培養他的人際關係，增廣他對世界的瞭解。

不要害怕孩子受到挫折，風吹雨打之中，或許這棵努力茁壯的樹不若溫室盆栽中栽培的好看，但是他努力的靠自己向下紮根、累積實力，等到適當的時機來臨，他就會快速的發展起來，到時候再跟盆栽中的樹木相比，所受的挫折反而是一種邁向成就的助力。而父母親照顧無微不至的孩子，永遠只有依賴的個性，因為被困在花盆之中，沒有機會紮根在大地中，一旦失去養分的供給，最後不是萎靡不振，就是枯萎凋零。

父母親都希望自己的孩子能夠過得好，然而是沒有辦法一輩子的照顧著孩子，你不可能餵孩子一輩子的魚吃，所以當他逐漸成長，就該讓他學會釣魚的方法。一個人，就算沒有功成名就，沒有做大官賺大錢，可是，知道他有能力可以好好的在社會上生存，這對父母親而言，才是最大的放心、安心吧。

把孩子培養成盆栽還是大樹，哪一種才是明智之舉，那是父母的抉擇了。

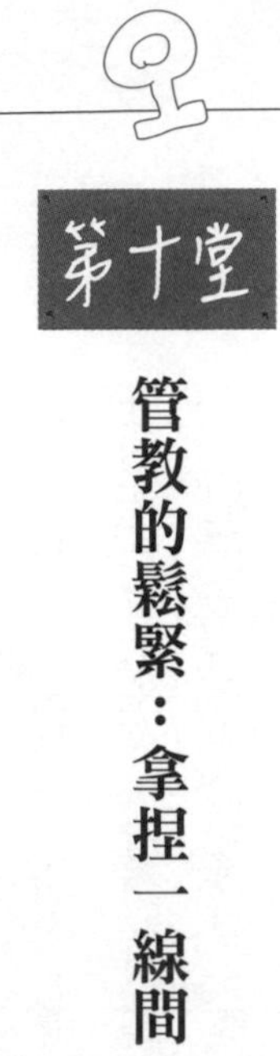

第十堂 管教的鬆緊：拿捏一線間

孩子的管教，就像放風箏的道理一樣，收、放需細心掌控。

現代社會中，對於孩子的管教，是越來越困難了。臺灣脫離農業社會及殖民統治已久，傳統上，父母對孩子只有基本的養育，要說到教育，許多人腦海裡一定有著這樣類似的回憶：母親拿著藤條，怒氣沖沖追著孩子跑，口中還用極高的分貝對孩子咆哮。然而，現在這種情況已經不大可能再上演，一方面，法律與道德上已不允許如此激烈的體罰教育，另一方面，體罰管教能收到的效果的確也很有限。

對於孩子的管教，就好像放風箏的道理一樣。雙手緊緊拉著線不放，風箏飛不高，甚至想要飛起來都很難，但如果放手，任風箏自己飛翔，它並不會高飛，只會飄飄墜落地面。所以，無論是太鬆或是太嚴，都會造成問題。

每個人都有特別之處，每一個生命都有自己的主體性，父母不該緊緊拉著風箏線，那風箏線可能因為緊繃而斷裂。

有一個朋友任職軍中，為人非常嚴謹，做事井井有條，教養孩子也用軍事化的管理方式，一個口令一個動作，孩子沒有零用錢，任何開支一律由父母親處理，在學校想喝一瓶飲料都不可能，跟同學出門，只要不是運動或者上圖書館，一律禁止，再加上因為沒有零用錢，逛街或者從事一些休閒活動也不可能，在家裡大部分的時間只能看書，如果想看看電視或者用電腦上網玩遊戲，

• 管教孩子就像放風箏，要懂得掌握鬆緊！（嫵馨/提供）

他的父母就會事先安排規劃好一個計畫表，按部就班完成才能休閒娛樂半個小時或一個小時。

這個朋友的小孩非常的乖巧，可是太過於安靜，甚至有點死氣沈沈，沒有年輕人的朝氣，不會有特別的創意跟想法，因為在他父母的努力之下，一切都安排好了，一切也都供應了，他不需要多做什麼，按表操課就好，如果課業不如預期，他的父母又會替他規劃其他的路子。

對這樣的孩子能期待什麼呢？臺灣現在已不是農業或工業時代，我們需要的不是機械化的勞工，在第三級產業為主的現代，我們需要的是創意、思考、活潑，甚至是天外飛來一個奇怪念頭，對孩子的教育不是應該如此嗎？激發孩子的潛能，讓他們的腦袋靈活思考，有不同的想法。每個人都有他特別之處，每一個生命都有自己的主體性，這才是對孩子教育的態度，而不是把孩子當作動物般照料、訓練。父母不該緊緊拉著風箏線，那風箏線可能因為緊繃而斷裂，或者是把這只風箏能夠飛得更高更遠的能力完全給限制住了。

無限制的空間，全力的金錢支援，這樣的作法，只會放縱孩子偏離了正軌。

很多人反對這樣古板又緊繃的教育方式，主張讓孩子自由自在的成長，不要有任何束縛，給予鼓勵，避免責罵。可是，當他們在教導孩子的時候，卻往往矯枉過正，放縱孩子的不當行為，又過度稱讚孩子的好表現。

有些家長，想要讓孩子在鼓勵之中成長，但是實在做得太誇張，常常聽他們說自己的孩子非常聰明，伶牙俐齒，或者是知道很多從前他們小時候不知道的事情。其實這樣的狀況是再正常也不過了，資訊發達的現在，網路與電視都能使得學習變得很快速，即便是幼小的孩子也能操作使用這些東西，那這樣子的聰明，到底是真正資質優異，還是資訊爆炸的結果呢？過度鼓勵，使得孩子也以為自己很聰明，自傲且睥睨一切，這樣子讓孩子在錯誤的鼓勵中成長，怎麼會是對的。

有時我們會看到小孩子在公眾場所沒有禮貌，橫衝直撞大聲喧嘩，比較糟糕的父母親，只會關心小孩肚子餓不餓？衣服是不是濕透了要換？跑來跑去不要跌倒了，諸如此類的事情。好一點的家長，會口頭上勸誡，叫孩子不要跑了，口氣溫柔，完全就是實踐愛的教育，得到的結果，孩子如入無人之境，東跑西跳，嘶吼吶喊吵鬧著，完全不在乎禮貌和規矩。

這些父母相信孩子的一切，鼓勵他們極度表現自我，希望他們能成就出特別的自己，但是最後，我們卻沒有看到一群優秀有創意有想法的孩子，只看到一堆自我意識濃厚，凡事都以自己為優先，只有意見沒有建議的孩子們。不但如此，甚至有一些家長，在孩子過度放縱發生問題之時，仍然只相信自己的孩子，大聲肯定的說：「我的孩子不會這樣，他是冤枉的，他是被帶壞的！」

這一些風箏，飛上天空父母就放了手，有的真的資質很好，緩緩往更高的天空飛去，絕大部分的，在空中隨風亂飛，然後飄飄墜地。做家長的疼愛孩子，給毫無限制的空間，給全力的金錢支援，這樣的作法是放縱，很容易偏離了正軌。

有自由時間和自由空間，還有獎賞跟鼓勵，這是「放」；約定的事情做不到，該有的處罰不能忘，這是「收」。

為什麼放風箏的道理大家懂，在教養孩子的時候卻忘記了呢？一收一放，一鬆一緊，風箏才能高飛，孩子才能成長為有教養又有想法的人。禮節是基本，尊重他人更是做人最需要的一環，應對進退得宜，並不會壓抑孩子的創意，彬彬有禮也不會讓孩子失去活潑，並不是非要吵吵鬧鬧、雞飛狗跳才叫做有朝氣，孩子能靜能動，收放自如，在正式的場合，可以安分守己坐在位置上，如果是表現的時機，又能夠落落大方毫不膽怯，這才是我們對孩子該有的期許。

教育孩子就是這樣，有自由時間和自由空間，還有獎賞跟鼓勵，這是「放」；也有限制按照計畫的時候，約定的事情做不到，該有的處罰不能忘，這是「收」。鼓勵是好的，卻也要配合規劃，規劃孩子去嘗試各種興趣，而不是他怎麼都好，他怎樣都棒，該稱讚的部分不能忘，也不能一味的說好，把孩子捧上了天。在社會中有道德規範，有法律條文，國有國法，校有校規，家裡也要有自己的家規，越線了就該受到處罰，不需要用體罰讓孩子因為身體的疼痛來記住教訓，可以用罰他減少玩樂時間，禁止使用電腦、電視、電話，或者叫孩子寫經過書，好好思考自己犯了什麼錯。

每一個家長都會對孩子有期待，望子成龍，望女成鳳，這是人之常情，在教育的過程之中，大家都希望孩子快樂成長，教養的風箏哲學，拿捏那一線間的巧妙，這樣長大的孩子，相信他的未來是自信的，而且充滿著光明。

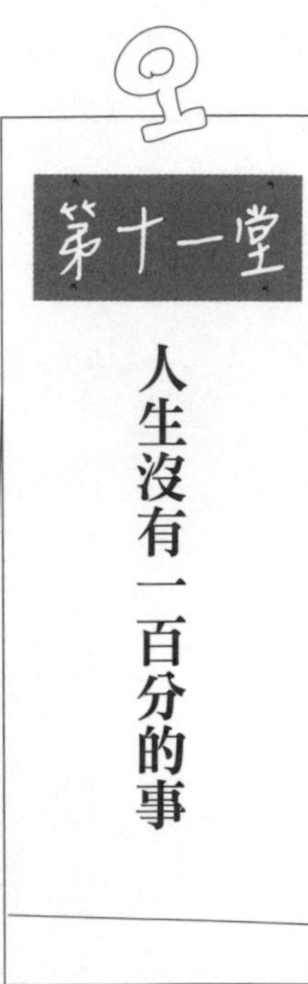

人生沒有一百分的事

人生是一場馬拉松，而不是百米衝刺的短跑。今天這條路不通，或許明天你在另外一條路看見更美的風景。

「望子成龍，望女成鳳。」幾乎所有的父母都希望自己的孩子在課業上能夠鶴立雞群，在社會上能夠人脈廣闊，在事業上可以成就非凡，也就是出人頭地，最好還能夠榮華富貴。可是考試成績要達到一百分，並不是一件容易的事情，每個班上也只有一個第一名，臺灣像郭台銘這樣的人物，也是屈指可數，希望孩子擁有一百分的人生，是否有那麼容易？

我們不可以拿分數當作絕對的評斷，只能作為相對的參考。

不管是各種規模大小的考試，意義就是檢測你對這個項目內容瞭解的程度。學校的考試也是如此，要測驗孩子在這一項學習之中，到底收穫了多少，也檢測老師的教學效果，讓孩子吸收了多少。可是，一張考卷洋洋灑灑也不過幾十題，光是在出題的時候，很容易就會有些偏差，導致難易度不適中，有時候題目出得太難，班上最高分可能不超過七十分，或者是題目出得太過於簡單，人人都能拿到八十分以上。還有可能因為配分的不同，讓考試結果相去甚遠，同樣一張考卷，有的題目兩分，有的題目十分，同樣是回答錯誤一題，失去的分數卻大不相同。所以，分數我們只能作為相對的參考，不可以當作絕對的評斷。不管測驗的目的，不管測驗的內容，只要求孩子考高分的父母，顯然是不懂教育的家長。

• 讓孩子主動、開心的學習，遠比考高分要來得重要！（大大爸爸/提供）

父母要從測試中反映出的狀況，去對症下藥，解決問題。

有時候孩子考得不好，也不見得是程度跟不上，經常是因為粗心才導致錯誤連連，這也是考試所能檢驗出來的問題之一，要改進的不是孩子的學習態度，而是如何讓他能夠仔細小心的回答題目。也有某些狀況，是孩子語文能力不好，對於題目所表達的意思理解不清，導致於無法正確作答，當然，最常見的就是沒有真的學會課程的內容。在考試中反映出了孩子學習遇到的種種障礙，身為父母的，絕對不能只是評斷分數，並且以此作為賞罰的標準，而是要從測試中反映出的狀況，去對症下藥，解決問題。

重要的是，發現孩子的興趣與專長，培養他往這方面發展。

考試是為了讓我們的孩子認識自己，也讓我們瞭解孩子，要讓孩子知道他學習成果排在團體裡的位置，讀得好因此建立自信，讀不好也不因此自卑，學習是跟自我比較。每個人都各有擅長的領域，考試的目的就在這裡：辨別出拿手的科目在哪裡。沒有錯，當家長發現孩子在某些領域跟不上的時候，當然希望能夠迎頭趕上，至少不要落後同學太多，但更為重要的是，發現孩子的興趣與專長，培養他往這方面發展。

如果孩子數學不好，又很喜歡美術，經常拿著紙就隨手畫起來，很多父母親的處理方式是限制孩子畫畫的時間，要求他坐在書桌前多作一些練習題、講義、評量。我們經常強調五育均衡，沒錯，各種項目最好都能有良好的發展，但是實際上再怎麼樣努力，也沒有幾個人能達到每一樣的表現都很優異。抑制孩子的興趣，強迫他作反感的學習，最後到頭來，往往是兩頭空。真正聰明的父母，會讓孩子用學習換取獎勵，比如說：寫十題數學，就可以休息去畫畫。這樣才能達到提升學習的效果。

許多父母硬是把孩子塞進升學這條路，但是並非每一個人都適合念到高學歷，也不是每一個行業都需要高學歷。

臺灣的教育制度太過於強調課業成績，我們的家長太迷信分數和學歷，許多父母硬是把孩子塞進升學這條路，反正人家唸書，我們就讓孩子跟著去唸書，最後畢業了，到底學習到什麼，有沒有能力，都不清楚。只因為我們認為讀大學就是一個優異的學歷，就是一個一百分的過程。但是並非每一個人都適合念到高學歷，也不是每一個行業都需要高學歷，更重要的是，找到自己的專長之後再進修，才能從學習中得到更有用的知識，也會讓學習的動力更為積極。

譬如說一個修車技師，他可能從小就對機械零件等等很有興趣，完成基本的義務教育之後，他需要的是拜師學藝，精進自己的技術，或者是進入職業專科學校，學習一些能應用在實務上的知識。如果是一個運動選手，他必須把握自己的黃金時期，去發揮出體能上的天分，等到運動生涯告一個段落，再考慮怎麼樣進修，學習一些運動範疇內的相關知識，把自己的經驗傳承下去。有多少成功的社會人士，當初在學校並沒有優秀的成績表現，他們的成功在於找到喜歡做的事，在於找到適合他們的道路。

有人從小就天資聰穎，學習總是比別人快、比別人好，考試成績也幾乎都是滿分，就這樣順利的唸書，唸到了博士班畢業，剛好景氣蓬勃，進入了科學園區的名公司，領取著令人稱羨的薪資，成為了「科技新貴」。可惜金融海嘯一來，他也無法倖免，不僅長期儲蓄的基金大為虧損，公司發的股票價值也一落千丈，更糟糕的是放了長期的無薪假，最後還被裁員，想再找工作，景氣卻如此惡劣。但是我們隔壁鄰居是市場賣豬肉的，他的兒子從小就不愛唸書，整天只喜歡打球、運動，高中畢業後不想繼續求學，就回家幫忙賣豬肉，每次在巷口遇到了，他都調侃自己只是殺豬的，什麼都不懂，雖然如此，他的生活簡單，收入穩定，大家都看在眼裡。

考試終究只是考試而已，每個人該追求的並不是那滿分的人生，而是自己想走的道路。

到底什麼是一百分的人生？當我們對孩子要求每次考試要一百分的時候，能不能去回頭想一想這個問題？小學考了第一名，並不代表人生會得第一名，在國中考一百分，並不代表人生會有一百分。

人生是一場馬拉松，而不是百米衝刺的短跑。今天這條路不通，或許明天你在另外一條路看見更美的風景；現在你的腳步或許蹣跚，直到將來回頭才發現，原來你的目標是那座高聳的山峰。考試只是生命中小小的標記，檢視每一段努力是否需要調整修正，分數更是不值得斤斤計較的紀錄，無法代表這人生旅途的成果。考試終究只是考試而已，孩子該追求的並不是那滿分的人生，而是自己想走的道路。因為我們很清楚沒有一百分的人生，只有適合自己的人生。

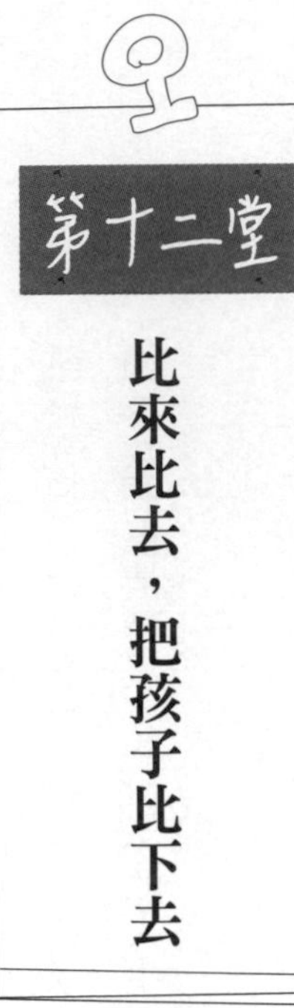

第十二堂

比來比去，把孩子比下去

人們常說：「有競爭才有比較，有比較才會有進步」，於是在不知不覺當中，我們把一切都列入了比較清單中，家世、金錢、外貌，所有可以量化的跟不能量化的，全都成為了競爭用的項目，房子、車子、妻子甚至連孩子，都變成了我們互相比較的「東西」。

父母常常不用心去認識自己的孩子，只是拿別人孩子的優點、成就來和自己的小孩比較。每個人的天賦不完全一樣，能力也各有不同，有許多家長忽略了這個部分，認為自己對孩子的態度只是正常的求好心切——望子成龍、望女成鳳，然而，這世界上有幾個人能夠十八般武藝樣樣精通？當你拿著各種不同的高標準去要求孩子的時候，真的不是強人所難嗎？

父母常常不用心去認識自己的孩子，只是拿別人孩子的優點、成就來和自己的小孩比較。

父母親的教育水準高，很容易就會以自身的經驗去衡量孩子，這也有形無形造成強大的壓力。

身邊有個很好的例子，朋友是小學老師，這個職業雖然不是什麼令人稱羨的高收入工作，生活卻很安定，尤其在教育孩子的時間與品質上，都有著許多優勢，所以常常有人認為老師的孩子很幸福，在成長階段可以受到較多的照顧。可是有一利必有一弊，朋友教了那麼多的學生，有許多優秀的孩子，和一些特別討人歡心的學生，不知不覺中對自己的小孩標準就變得很複雜，很自然地以學生的各個優點來衡量自己的孩子，要求也就比較高。到最後，孩子變得很可憐，本來就背負著「老師的孩子」這個頭銜，在同儕和學校老師之間已經被投以不同的眼光，在家中還得接受各式各樣的超高要求，壓力真的是無法想像的龐大。

類似的狀況，也常發生在許多高學歷的父母親身上。本來父母親的教育水準高，一般而言能提供給孩子的環境也會比較優質，但是父母的成長過程，無論是苦學成功還是一路順遂，很容易就會以自身的經驗去衡量孩子，更進一步的，希望孩子的成就與表現能夠超越父母，將來可以有更好的發展與前途，這也有形無形造成強大的壓力。

孩子只要有正當的工作和正常的生活，其實無論做什麼，對他們來說都是很有意義與價值的。

有個小故事，臺灣的教授到美國擔任客座教學，某一天，他美國的同事在一同外出的路上提議，要去加油站看自己的兒子。他心想，同事既然身為教授，那麼他的兒子大概是加油站的老闆，誰曉得到了加油站，經過同事的介紹才知道，這教授的兒子只是加油工人。他很震驚，因為臺灣一般的社會觀念是很難接受這樣的事實，不僅如此，甚至會覺得孩子做這樣的工作讓高學歷的父母親丟臉。離開加油站的路上，與美國同事談論這個話題，才瞭解到人家的價值觀，認為孩子只要有正當的工作和正常的生活，無論做什麼，都是很有意義與價值的，這樣子的想法，著實給這個臺灣教授上了一課。

我們總是說：「職業不分貴賤」、「行行出狀元」，實際上卻很明顯用職業來衡量人，對孩子的期望都是將來能夠成為白領階級，不要當藍領階級，不要做辛苦的勞力工作。在這樣的想法之下，硬是把孩子塞進那狹窄的框架裡，不考慮適不適合他的個性與能力，最後可能因為天生能力的差異，成為追逐微薄薪水的低階白領，甚至高不成低不就，成了無法獨立無法工作的啃老族。

協助孩子發展自己的興趣與專長，與自己競爭，與自己比較。

沒錯，有競爭才有比較，有比較才有進步，但是比較的標準在哪裡，務必要想清楚。每個孩子都是不同的個體，每個家庭都有不同的環境，就算是家庭條件再怎麼相似，教育出來的孩子還是會有差異，看看同一個家庭教出來的孩子就知道，各有各的特色，絕不可能完全相同。因此，不要再拿別人的標準、他人的條件來檢視自己的小孩，我們要試著瞭解孩子的想法，從中協助孩子發展自己的興趣與專長，與自己競爭，與自己比較，進步的標準當然就是超越過往的自己，這樣的要求才有意義，也才能符合現實。

要能夠持續抱持這樣的想法並不是一件容易的事。舉個例子，鄰居的小孩一出生就因為心臟不好而開刀，做父母的常常說，只希望這個孩子可以健康快樂的長大，他們別無所求。在幼稚園跟低年級階段，孩子開心的成長，身體狀況也越來越好，看不出來曾經有過心臟疾病，漸漸的，父母親就認為他是一個正常的孩子，遺忘了最初的想法。於是，開始拿同學的分數與他相比，用相同年紀孩子的表現去要求他，孩子臉上的笑容也慢慢消逝。直到五年級的時候，孩子又因為心臟問題住院，他們才驚覺，自己竟然沒有堅持最初的想法，因此感到汗顏。最終，等小孩出院之後，鄰居又恢復在他小時候的那種期許——健康、快樂的成長。

這樣一個特殊的例子中，家長也很難避免無謂的比較，更何況是普通的家庭，即便如此，我們還是要往這樣的方向去努力，教育本來就不是一件簡單的事情，孩子在我們所給的環境下學習成長，我們也要在教導他的過程中努力進步，才能夠成為真正優質的父母。

贏過別人並不代表什麼，戰勝自己才是最重要的。

放手讓孩子去探索自我，不要規定他的方向，教育並不是鋪

• 孩子可以透過學校的很多活動來鍛鍊自己的身心！（小魚媽媽/提供）

一條路讓孩子順遂的走，而是他在尋找人生的道路時，給予支持，讓他可以看見不一樣的未來。成長的過程中，沒有辦法樣樣精通是很正常的，但是不要隨意放棄，用積極的態度去努力，贏過別人並不代表什麼，與他人比較的時候，永遠都不會是最後的勝利者，因為人外有人天外有天，戰勝自己才是最重要的，當孩子不停的挑戰自身的極限，持續的突破瓶頸，堅定的意志力、堅持的決心、順從直覺並運用經驗，這樣才能在未來飛得更高、更遠。

「人比人，氣死人」這句俗諺很有道理，尤其當我們拿孩子不停與別人比較時，不僅容易看見孩子的缺點，忽略了他的優點，在這樣的過程中，更是容易比壞了親子關係，比壞了孩子的信心。何不讓孩子作他自己？人生的道路千百萬條，但是，「條條大路通羅馬」，追求快樂幸福的生活，並不只是一種方法或一條路徑，就讓孩子用自己的方式，追求自己的人生吧！

怎樣教最有魅力？

風箏

放過風箏嗎？

什麼樣的風箏飛得好？飛得高？

父母就是放風箏的人，孩子正是那迎風飛翔的風箏。

愛與關心是那風箏線，彷彿細小卻又堅實。如果緊緊拉著一點也不敢放，那風箏如何去飛？又如何高飛？拉得太緊，可能會扯斷了線，放手不管，那風箏也會如斷線般的墜地不起。

適當的收放，讓風箏在天空飛舞招展，愈飛愈高。這一收一放，鬆緊之間，是父母的用心，而風箏高飛正是為人父母的喜悅。

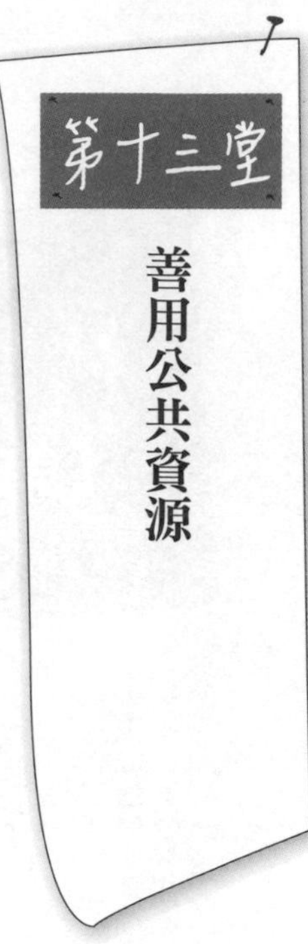

善用公共資源

美術館、博物館、藝文中心、圖書館和公園、運動場一直在那裡等著，它們不會移動，我們可以走動。就讓我們走過去，走進去吧！

四十幾年前的臺灣，一般的家庭普遍貧窮，父母願意讓孩子接受基本的國民教育，就已經算是不錯。而學校的教育根本不可能考慮到品質，尤其在鄉下，連老師的知識水準也不高，既沒有深度也沒有廣度，能夠帶給社會的主要目標，就是普及識字教育以減少文盲的數量。

我所生長的家庭，經濟不富裕，孩子又生的多，父母親努力賺錢只能餬口，與當時大多數的家庭狀況大同小異。然而，有一點非常幸運的是，我們所居住的社區有著一個公共的小型圖書館，對我而言，在那個娛樂欠缺資訊貧乏的年代，這知識的寶庫真是老天爺的恩賜。雖然圖書館的規模不大，藏書也不算豐富，不過很快地我就把比較感到有興趣的書本都借閱過了，接著，因為閱讀興趣的養成，我開始涉獵一些平日不常接觸的領域，在國中畢業之前，這小型圖書館的每一本書，我幾乎都翻閱過了。

圖書館一直在那裡，但是我的同學、鄰居甚至是家裡的兄弟，雖然身處在同樣的環境之下，卻沒有人受益於此，大部分的人，甚至從未踏進過圖書館。我自己則是在這樣從小大量閱讀的情況之下，培養出閱讀的興趣與習慣，也無形中增強了對文字的理解度和閱讀吸收的速率，或許讀過的知識內容不見得都能記得，但訓練出這樣的能力，是一輩子受用無窮的。

從帶領孩子到讓孩子自動自發的學習，父母扮演著很重要的角色。

在成為父母的角色，教養自己孩子的過程中，因為有著過往的經驗，所以我總會撥出時間，帶著孩子去美術館、博物館、藝文中心參觀藝文展覽、欣賞音樂會和戲劇演出。

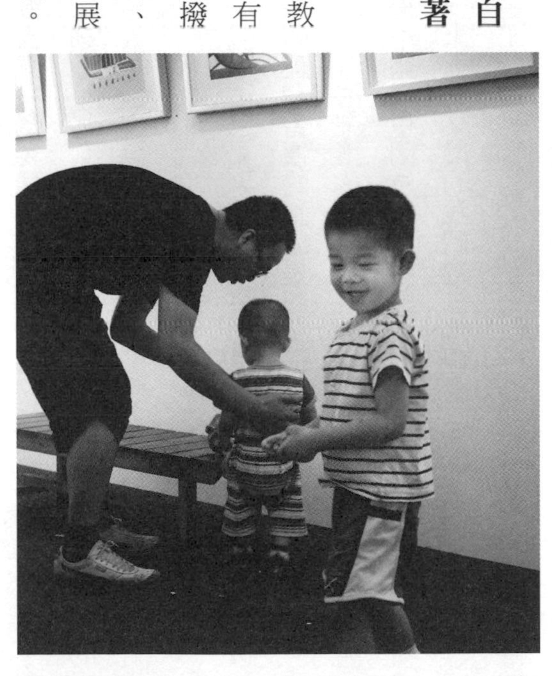

• 帶孩子到美術館活動，讓他們從小就培養「美感」的態度。（皓予媽媽/提供）

而由於這樣的做法，孩子喜歡自然科學，懂得欣賞各種藝文活動，學會聽相聲，在逛唱片行的時候，總會到爵士樂、古典樂的區域瞧一瞧，看到報紙上有難得的展覽，比如說馬諦斯或是梵谷的畫展或長毛象和恐龍的特展，就會自發性地提出要求，想要去欣賞或一探究竟。

圖書館更是我們家人常去的地方，帶孩子借書，帶孩子看書，最後變成孩子自己去圖書館借書閱讀。閱讀興趣和習慣的養成是一輩子的事，影響極為深遠。閱讀讓孩子能夠專注，讓孩子學得豐富，讓孩子自動自發的學習。因為對學習充滿了興趣，學校裡的科目當然學得不錯，也因為有這些課外的充實，讓他們比同學懂得更多，也就更有自信。這樣一來，做父母的我們越當越輕鬆。

只要天氣允許，我們一家人就會在傍晚時分去附近的學校運動，大人們跟球友互相切磋球技，孩子們就在一旁的遊戲器材攀爬遊玩，或者丟球玩球、或者追逐賽跑，久而久之，隨著時間流逝成長，孩子也養成喜歡運動的好習慣，假日帶著一顆籃球，就會自己跟三五好友約著去球場奔馳。既懂得休閒又喜歡運動，孩子自然是健康又開朗。他們長大了當然也很會安排自己的生活，不會是書呆子、不會是宅男、更不會是工作狂，讓人放心極了。

善用公共建設、社區資源，與孩子一起活動，花的是時間，而非金錢。

教育孩子最重要的，當然是要有時間相處，不過，並不是面面相覷兩無言的待在一個空間裡，或者總是坐在客廳的沙發上，開著電視望著那小框框各自發笑，要透過活動，才能建立起更好的親子關係。尤其是要善用公共資源，在現代的社會，公共設施與建設已經完善許多，像資源豐富的美術館、博物館，不但能薰陶我們的人文素養，更可能因此而激發孩子的興趣，至於地區性的圖書館、藝文中心，也都有著不需要多少花費，就可以享受知識饗宴的優點，社區性的運動中心或者是附近的學校運動場，隨時都能提供良好的運動休閒空間，等著人去使用它。

孩子需要的到底是什麼？這是值得我們思考的問題。許多父母願意花大錢安排海外旅行，前往知名的國際遊樂園，認為能夠帶給孩子很棒的回憶，開拓孩子的視野，然而，這些經濟寬裕的父母，認為這樣一年一度的旅遊，就是給孩子最好的犒賞，家人最好的相處。實際上教育所需要的，是平日的吸收，經常的陪伴，才能在點點滴滴累積之中，潛移默化，帶給孩子最有效的學習。出國旅遊是能夠拓展孩子的人生視野，但是那應該是做好基本功夫之後的錦上添花，如果忽略了日常生活的學習，只想以金錢堆疊出美好的成果，那將會是一種捨本逐末的無效做法。

有人即使住在博物館、美術館附近，卻不曾帶孩子進去過。有人居住在公設很好的社區，於是善用社區裡的公共設施，因為他很清楚那是房價的一部份，所以，不使用是傻瓜。但是卻有許多人忘了整個國家社會的公共建設，都是用我們大家所繳的稅金所建造，我們出了錢，而且是不斷的在出錢，卻不懂得去運用，實在是自己沒有智慧。

現在有許多人抱怨養育孩子很花錢，認為教養孩子經費負擔太重，甚至有些人還因此不生小孩。這些人不清楚生養小孩的快樂，更不知道教育子女不一定要花大錢，社會的公共資源使用並不困難，帶領孩子去熟悉去享用，需要的是正確的觀念，要花的是時間，不是金錢。如此一來不但可以讓家人擁有更多相處的時間，同時也擁有更大相處的空間。

這些資源並不需要花費金錢，而且，通常就在離家不遠的地方，能夠長時間方便地去進行學習活動。

善用公共空間，即使是附近的小公園、籃球場，活動的範圍也遠勝過家中有限的空間，指導孩子一些運動技巧，與孩子一同流流汗，是很好的活動，更是很好的親子互動。最常見也最方便的，就是校園的設施，現在政府實施校園開放，學校裡肯定有運動場可以活動筋骨，也有圖書館能夠讓孩子進去裡頭尋找知識的寶藏，這些資源並不需要花費金錢，經濟上不會有負擔，而且，通常就在離家不遠的地方，能夠經常地方便地去進行這些學習活動，聰明的家長妥善利用這些資源，帶給孩子的影響，是絕對遠勝過昂貴的偶一為之的海外旅遊。

使用這些公共資源是我們的權利，是生活的智慧，也是又經濟實在又聰明有效教育子女的方式。

隨著社會的進步，公共資源的增加與使用會越來越豐富，越來越便利，規劃管理這些公共空間是我們政府的職責，使用這些公共資源是我們

• 偶爾帶孩子們到公園去與大自然親近，共享美好的親子時光。（皓予媽媽/提供）

人民的權利，是一種生活的智慧，也是一種經濟又實在又聰明又有效，教育子女的方式，不需要花大錢，就可以讓家庭生活充實又精彩，日積月累下，在無形之間達成教育孩子的成效更是無價。

美術館、博物館、藝文中心、圖書館和公園、運動場一直在那裡等著，它們不會移動，我們可以走動。就讓我們走過去，走進去吧！

教養手札

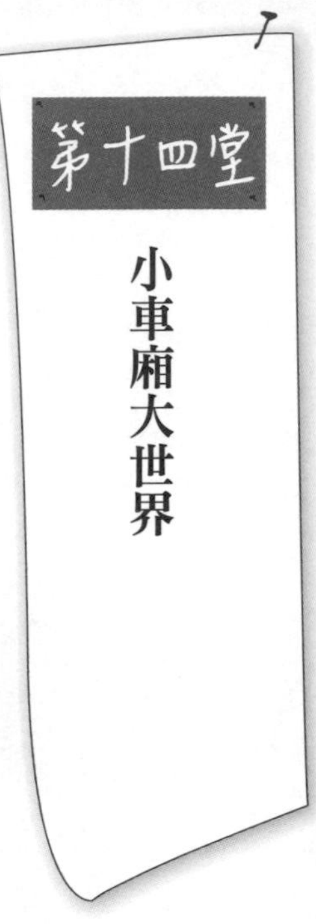

小車廂大世界

即使被迫囚禁在狹小的車廂內，家人們的互動擺脫了那種牢籠的拘束感，彷彿車廂內的世界也是無限寬廣。

很久沒有出門遠行，終於找到一個全家人都有空閒的假日，我們驅車往桃園復興鄉拉拉山前進，目標很清楚，目的卻有些模糊。蜿蜒的山路無限延伸，彷彿沒有止境，在不停的轉動方向盤之間，必須度過相當長的行車時間，可是車裡卻沒有一刻是無聊的。剛出發，大家欣賞著沿路優美的景色，討論著每個人所發現的不同，兒子對於自然生態比較有興趣，看到外型特別卻不瞭解的植物，就會提出來詢問討論，偶爾有一些飛鳥從眼前掠過，自然引起一陣驚呼，最難得的是竟然看到幾隻大冠鷲在高空盤旋，我們不禁對臺灣自然環境的豐富感到讚嘆驚奇。

一陣子之後，討論趨於平淡，我與妻子聊著一些生活瑣事，後座的兒子、女兒可不願無聊發呆，立即玩起詞語接龍的遊戲，這是在孩子們還小的時候，我常在車上跟他們互動的遊戲之一，於是我們也加入了比賽的行列。隨著持續播放的音樂旋律聲中，突然出現一首全家人都熟悉的歌曲，於是遊戲暫停，小小車廂立刻變成了卡拉OK的會場，就在如此說說唱唱之中，大家忘記了長途車程的疲憊，到達了目的地，所有人下車的那一刻，都還維持著那快樂的氣氛，即使被迫囚禁在狹小的車廂內這麼長的時間，家人們的互動，讓彼此擺脫那種牢籠的拘束感，彷彿車廂內的世界也是無限寬廣。

許多父母帶孩子出門，最怕後座的小朋友爭執吵鬧，不僅破壞了出門遊玩的愉快興致，也讓開車的大人感到又煩又累，原本好好的一趟旅程，常常因為這樣就毀了。所以乾脆讓孩子帶著掌上型遊樂器，專心打電動好過於製造麻煩，最好是一上車孩子就睡著，連一點噪音

• **有機會多帶孩子出門跟其他朋友及孩子聚會，可以訓練他的人際關係與大方的態度。**（皓予&皓展媽媽/提供）

都不會製造，開車的人可以享受一點安寧的時間。但是這樣子的感覺，還真像計程車司機在載客人，沒有互動，只是要坐車到達目的地。

多年前曾經在帶孩子回老家過年的路上，因為他們在後座不停爭吵甚至動手打架，那近在咫尺的後座卻是相隔遙遠，既要專心開車，又只能用言語勸說，還屢勸不聽，讓我氣到不行，一度停在路邊僵持二、三十分鐘，把他們都教訓一頓之後才再出發，長途開車已經夠累人，還要管教他們的行為，真是額外的負擔。可是在這麼狹窄的車廂裡，又要經歷一段漫長的時間，對幼小的孩子也實在是一種折磨和懲罰。所以，這樣的事情常常發生，彷彿是在考驗做父母親的耐心和智慧。

後來在回程的路上，我靈機一動，想到讓孩子們避免爭執的最好方式，就是轉移他們的注意力。於是我們在車上開始辦比賽，從最簡單的心算開始，誰能把前面車子的車牌數字最快加總，就算獲勝，這一個遊戲在高速公路上非常實用，單調的路線與景色難以吸引人，可是前方不停變換的車輛，讓比賽可以不斷的持續下去，想不到這個方式效果奇佳，不僅僅是孩子不爭執了，大家在專注比賽中，氣氛相當融洽，媽媽負責當裁判，比做原來的吵架仲裁者要輕鬆多了，身為司機的我，好像也不那麼疲憊了。

在車廂內的進行遊戲比賽或播放朗朗上口的歌曲，可以炒熱氣氛、忘卻狹小的空間感，發展出新的互動方式。

從此之後，我們家人在車子裡的遊戲種類越來越多，在市區就比賽找字，先選定一個字，看誰可以在熱鬧的街上招牌找得最快，到了郊區我們就玩接龍，無論是語詞接龍或是故事接龍，都很容易炒熱氣氛，後來兒子跟女兒還自己發展新的遊戲，選定一個範疇，比賽誰的英文字彙多，就這樣，造詞、說故事、講笑話、比常識、機智問答、腦筋急轉彎，各式各樣的遊戲競賽在車上進行，變成我們家庭新的一種互動方式。

車輛不僅是交通工具，也是家的另一個移動空間，如何一邊享受車子的便捷，一邊在車廂這狹小的空間裡相處，是一大學問。現代人強調自我獨立，要求個人空間，對於某些人來說，不得不與他人在小空間相處的長途車程，簡直是一件要命的事情。炒熱氣氛是最容易讓人暫時忘記身在何處的方式，除了車內的遊戲比賽之外，準備一些CD，播放朗朗上口的歌曲，大家都能隨口哼唱著，或者是播放相聲，一邊聽著段子，一邊忙著大笑，只要心情放鬆，就可以忘記那種狹小的空間感。

隨著孩子年紀的增長，他們想要的不是一遍又一遍的大道理，而是有人願意聆聽他們的感覺和想法。

另外，接送小孩的每日辛苦工作，要怎樣讓它成為有趣輕鬆的親子時間，不僅可以減輕父母的勞累，也可以拉近與孩子的距離。這個時候，小小車廂裡千萬不要進行疲勞轟炸，聰明的父母不談功課、不談成績、不訓話、不講大道理，只是輕鬆交談，多聽孩子說話。尤其隨著孩子年紀的增長，漸漸進入青春期，他們想要的不是一遍又一遍的大道

• 在全家開車出遊的路上，可以進行一些活動，讓旅程更有趣喔！（安安和小穎的媽媽/提供）

理，而是有人願意聆聽他們的感覺和想法，就算是談論學校所發生的瑣事也好，只要願意談天，孩子就不容易跟父母產生代溝。

女兒每次放學一坐上車，就開始滔滔不絕說著學校裡的事情，時間長了，即使與他的同學或朋友沒有見過面，也能大概在心中描繪出女兒交友圈的狀態，聽了聽偶爾還能穿插個兩句，讓她知道父母親也很願意瞭解她的朋友，關心她的情緒。所以我們不必去探查她的交友狀態，一切都是這麼輕鬆自在，女兒也自然願意越聊越多，除了單純描述事件之外，還表達心裡頭的感受，透過這些談話，我們更清楚她的興趣和價值觀，當然就更放心，也知道該如何支持她。誰說青春期的孩子一定會叛逆狂飆？

車廂，一個特殊的空間；坐車，一段必須的時間。不會運用，它只是交通工具和載送過程；懂得巧妙使用，它就成了拉近家人距離，融和家人關係最棒的時空。享受著家中轎車的便捷和舒適，也要好好增添它的附加價值，它可以載我們到目的地，更可以載著歡樂，陪伴著我們到達幸福之境。

孩子的房間

讓孩子從擁有自己的房間開始學習獨立、自主！

還記得兒子第一次擁有自己房間的時候，臉上那種雀躍的表情，終於有個私人的空間，可以在裡頭依照自己的主意擺設，兒子當然是興致勃勃。漸漸在幾個月過去之後，這個私人空間變得比較像是某種廢墟，書桌上堆滿書跟雜物，根本沒有地方可以好好寫功課，地板散落著各種紙張，考卷、發回來的剪報作業等等，椅子上堆著衣服山，彷彿隨時都會引發一場大型山崩，床上則是擺著一堆玩具，很難想像他是要如何在那床鋪上頭安穩的睡一覺。當然，經過責備之後，他會略微收拾到一個勉強能看的狀態，不過大約一個月之後，又會故態復萌，而我們就在這樣的拔河之中，看著他慢慢長大。

高中之後，兒子的房間漸漸不同了，地板上已經幾乎不會有家具之外的東西存在，書桌上的雜物數量很少，空間也舒暢，起床之後都會將棉被疊好，椅子上也是清清爽爽，雖然打掃的頻率不是很高，不過室內本來也不會太髒，所以整體而言算是尚可的生活環境。到了大學出外唸書，兒子每次回來家裡，都不免抱怨宿舍裡頭各式各樣習慣都有的室友們，從來不清掃地板，累積好幾個禮拜才丟垃圾、書桌上有很多泡麵湯汁漬卻視若無睹，椅子上掛著好幾件外套還外加幾條牛仔褲。其實這些敘述在我聽來，跟兒子以往的房間大同小異，只是在這場維持房間的拔河裡，我們贏了，讓孩子養成好習慣，他才會抱怨室友習慣不好。

教導孩子將物品分門別類，並養成順手收拾的習慣。

孩子有了自己的空間，第一個面對的問題就是分門別類，學習怎樣把物品收拾好。舊的東西收藏在較不常用的櫃子裡，或是裝箱放置在儲藏室，譬如以前的美術作品或者是得過的獎狀，就該好好保存在不影響日常生活空間的地方。常用的物件要擺放在順手的地方，像是剪刀、膠水、筆、便條紙等文具，就要放置在書桌檯面上或者是上層的抽屜。經過了分類的訓練，孩子的組織能力會大幅增強。另外，經過一段時間的生活後，房間裡的東西一定會因為各種原因慢慢增加，像是收到禮物或是增添設備等等，在增加新物件的時候，孩子也會漸漸懂得去蕪存菁的道理，並不是每樣東西都要保留，也不是每樣東西都要擺在順手可拿的地方，如此一來，未來做事的效率就會有效提昇。

其次，搬進自己舒適的小天地之後，接踵而來的就是維持的問題。剛開始房間可能擺設得相當好看，而且要找東西的時候也能夠即時可找到，不過使用完畢之後，能不能培養出物歸原處的習慣就是一大重點，生活的物件會一直增加，如果不能把東西歸位，房間變得凌亂的速度將會十分驚人。還有清理打掃的部分，如果都要等到已經無法忍受再來整理，勢必又是一個浩大工程。其實，順手收拾的好習慣，並不會有多大負擔，並且會在需要大掃除的時候發現，工作量大幅減少，孩子若如果能從中養成好習慣，就會理解一點一滴的累積，將要比臨時大費周章來得有效許多。

• 有自己的房間，對孩子來說是一件擁有重大意義的事。（大大爸爸/提供）

讓孩子對自己的房間負責，父母親只要擔任協助的角色即可。

而父母親的責任，就是要從旁循循善誘，並且能夠堅持原則，讓孩子對自己的房間負責，也就是對自己負責。當孩子還小，這些原則可以一邊提醒，並且一邊帶著他做，但是隨著他年齡增長，漸漸地也要讓孩子自己負擔起這些瑣碎的事務，時時刻刻提點他。有的父母親總會因為看不過去，每一次都是自己動手幫孩子把房間清理打掃一番，然而，孩子若沒有經歷過整理房間的辛苦，又怎麼會好好珍惜這個環境呢？即使真的無法忍受孩子的房間凌亂，也應當要求孩子一起整理，父母親擔任協助的角色即可。

如果運用得宜，整理房間也會是一件很有趣的家庭活動。從前帶著孩子整理房間，總是一邊做一邊聊天，偶爾再獎賞他一杯飲料或是一個甜點，就會有源源不絕的動力繼續努力，整理的時候經常翻到一些舊東西，像是相片、日記、美術作品等等，休息時間花個十分鐘回味一下，也是難得的機會。我們家兒子整理房間最有趣的，就是把他妹妹當成小幫傭，當然這不是欺負他妹妹，而是一邊整理一邊聊天，兄妹倆感情也就越加深厚，另外一個優點是，兒子常常會整理出一些已經不需要的文具、書本等等，妹妹在一旁可以立即考慮她要不要接收，所以小幫傭也自得其樂，每次幫哥哥整理房間好像就可以得到一些禮物一樣，從另外一個角度來看，也算是愛惜資源吧！

是否將電視、電腦安置在孩子的房間，為人父母要審慎評估。

現在的社會經濟情況比二、三十年前來得富裕，一些比較有能力的父母，在買新房子準備裝潢的時候，就替小孩設計了很完善的房間，然而，有些設備必須先經過考量才能安置在孩子的房間。舉例來說，有的父母為了方便跟自由，讓孩子在房間裡擁有自己的電視，其實這是一個很不好的決策，縱使在選擇電視節目的時候，每個人的意見不盡相同，難免會有衝突，可是欣賞電視節目的時間，往往也是親子相處的重要時刻，現代人如此忙碌，父母親忙著加班或者是家務，孩子在學校也有很多課外活動或者是參與課後的補習，如果連看電視也是各據一方，一天要說到話的時間真的就是少之又少。

另外一個很重要的物品則是電腦，二十一世紀的生活，一切都離不開電腦和網路，不過當孩子的自我安排或是掌控能力不足，有了電腦在房間，往往會變成一種失控的狀態，網路上有許多不良的媒體來源，在心智年齡尚未成熟的階段，經常會讓孩子受到不良影響，或者是造成孩子作息不正常，半夜爬起來偷偷使用電腦，這都是太過方便而帶來的後遺症，這一點，為人父母的一定要審慎評估，直到孩子有能力自我管理之後再將電腦放在房間較為適宜。

幫孩子養成好習慣，勝過留給他一筆財富。所以斟酌家裡的經濟情況和孩子的狀況等等，在適當的時機讓他擁有自己的房間、私人的空間，會是學習成長的一大幫助。

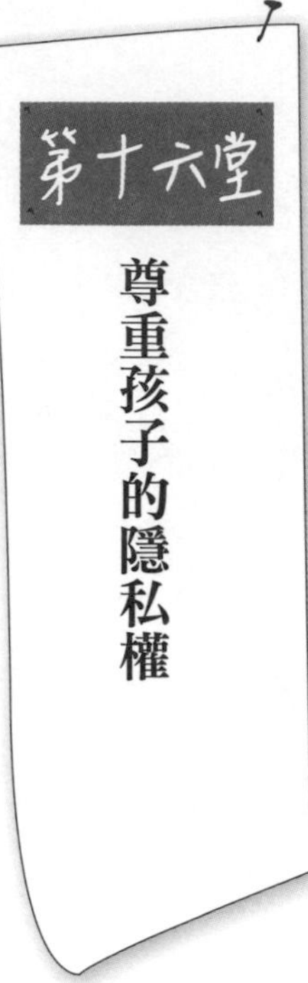

尊重孩子的隱私權

要了解孩子的內心，沒有捷徑也沒有簡單的方法，只有透過長時間的相處，建立良好的親子關係，當他信任且願意和你分享與傾訴時，我們便成功了。

現代社會的多數家庭因為經濟能力不錯，居住的品質提升了，房子的空間也都變大了，所以孩子多半能夠擁有自己的房間。可是在小時候他們喜歡黏著父母親，有些甚至不肯回自己的房間睡覺，要賴在父母的床上，賴在父母的身邊。有的就算是在自己的房間床鋪睡覺，也希望爸爸媽媽能夠常常去探望他，在睡前說說床邊故事。

到了青少年時期，他們突然有了領土觀念，而且還極力捍衛他們的主權，他們稱這是『隱私權』。

哪知道，一到了青少年時期，孩子不但極度渴望擁有自己的房間空間，更進一步地希望父母親不要隨便輕易地進入，他們突然有了領土觀念，而且還極力捍衛他們的主權，他們稱這是『隱私權』。但是許多父母基於關心子女，往往很想幫他打掃整理房間，或者是想瞭解孩子在房間裡做些什麼，於是利用孩子不在家的時候，進入清理。甚至，孩子在房間裡，有些父母還會進行突擊檢查，看有沒有在認真讀書，完全不考慮孩子的感受，卻因此有了親子之間的衝突。

我們家定了一些家規，其中有一條，就是孩子的房間不可以上鎖。在他們小時候，這些規定覺得彷彿不存在，他們也不在意。偶爾夜深了，我們去孩子房間探望，幫他蓋個被子，或是他們生病了，我們要餵藥、照顧，也都很方便。但是孩子慢慢長大了，讀國中的兒子開始質疑為什麼他的房間不能上鎖，我們一再強調：「在進你房間之前，我們都會敲門。不會突然、貿然衝進你的房間。」

我們尊重孩子，也希望孩子尊重我們。有足夠的瞭解和信任，就會放心，放心就會放鬆。

但是衝突終於還是發生了。有一回，兒子在房間裡，我發現他鎖上門，我進不去，因為已經不是第一次發生，而且我敲門敲了半天，他還沒來開門，於是盛怒之下，我敲破了門上的壓克力板，破門而入。兒子非常地生氣，當場發飆，我們的戰爭一觸即發，還好孩子的媽來接手處理，讓我們各自分頭冷靜，但是事後他留下一封措辭強烈的信。

信中指稱，他已經長大了，他擁有隱私權，為什麼我沒有尊重他，他還要求我必須立刻把他的門修好。我也回了一封內容豐富的信，告訴他，房子是我的，房間也是我的，連門都是我的，至於「尊重」，我們總是事先敲門，經過他的允許才進入，這是很有禮貌的尊重，而相對的希望他能夠瞭解父母為這個家所付出的努力，讓他擁有我們小時候並沒有的房間。而房間不准上鎖的這個家規，目前不會改變，將來他夠大了、夠成熟了，自然取消。

經過這一次衝突，和劇烈的溝通，「門」有很長一段時間沒有修復。但我們

• 孩子的隱私權不是父母給予的，而需要親子共同討論與尊重。（嬿馨/提供）

冷靜後又談了幾次，隱私權的問題，好像已經不是重點，重點轉移到尊重。我們尊重孩子，也希望孩子尊重我們。尊重我們對於家的付出和責任，因為我們要照顧家和家人，所以要有管理的方法和規則。在我們對他們有足夠的瞭解和信任之下，就會放心。放心就會放鬆，而這一切方法、規則當然會隨著他們的成長而調整。

孩子大了，他們需要的管理和照顧越來越少，需要的尊重和信任越來越多。做父母親的要慶幸，對於所謂的隱私權和尊重，是代表我們的孩子已經長大了。

我們作父母的因為愛孩子，關心孩子，總覺得孩子幼小需要照顧，但是不要忘記，孩子會一天一天的長大，有許多父母不管孩子幾歲，都把他們當作幼兒，習慣性的為孩子作主，習慣性的管理孩子，不知道他們長大了有自己的想法，不知道他們有自己的朋友、自己的世界。他們想要獨立，想要自己作主，想要當一個大人。事實上，如果我們清楚，就會發現孩子大了，他們需要的管理和照顧越來越少，需要的尊重和信任越來越多。

所有的孩子在小時候確實很樂於跟父母分享他所有的一切，包含他所見所聞、他的人際關係、他的情感，所以放學回來總是吱吱喳喳的說個不停。但是長大之後，彷彿要有自己的空間、自己的秘密才是真正的長大。所以他們的房間想要上鎖，抽屜想要上鎖，日記本更要上鎖。偏偏有些父母親，認為可以從孩子的日記內容去瞭解孩子，所以，會利用孩子不在家的時候，去偷看他的日記。這樣的作為，這樣的手段，往往造成孩子激烈的反彈，甚至傷害了親子之間的相互信任和情感。關鍵的原因，仍然非關隱私權，而是尊重。

其實，做父母親的要慶幸，對於所謂的隱私權和尊重這件事情，是代表我們的孩子已經長大了，越是有自己想法的孩子，越強烈地渴望被尊重和擁有自己的隱私。也就是說，我們做父母的，心態一定要清楚，孩子不會永遠是依賴著你的幼兒，隨著時間歲月過去，每個孩子都會長大的。當他的獨立性越強，他就越發的強調尊重和隱私。我們自己也都曾經歷過這樣的成長階段和過程，如今我們是成人，每個人都渴望被尊重，和擁有隱私權，所以如果將心比心，並不難瞭解孩子的需求。

要瞭解孩子的內心，沒有捷徑，沒有簡單的方法，只有透過長時間的相處，建立良好的親子關係，讓他把你當作可以信任的朋友。

現代，拜科技之賜，包括孩子的手機，或者是電腦裡儲存的資料，都有著許多他們認為是隱私的內容。聰明的父母絕對不會想去窺探，但是那放在心裡的擔心，要如何處理？想要瞭解孩子，要怎麼做？許多父母又陷入不知如何去關心孩子而煩惱憂慮。其實和孩子夠親密，他自然會跟你分享。要瞭解孩子的內心，沒有捷徑，沒有簡單的方法，只有透過長時間的相處，建立良好的親子關係，讓他把你當作可以信任的朋友，願意和你分享他的情感、生活，願意向你傾訴他的快樂或挫折，這才是成功的父母。

那個曾經和我們大聲爭取隱私權的兒子，現在設立部落格，把他的生活，把他的情緒，一覽無遺的寫在上面，做父母的我們，不但可以隨時去觀看，還可以給他一些回應。那彷彿是心情日記般的部落格，多了我們這些忠實讀者，有時為他喝采、鼓掌，有時給他打氣、安慰，就如同他的那些同學、朋友一樣。這一切，都來自於信任。而信任是因為長久以來就算有過衝突，但是尊重和關懷讓我們是父子也是朋友。

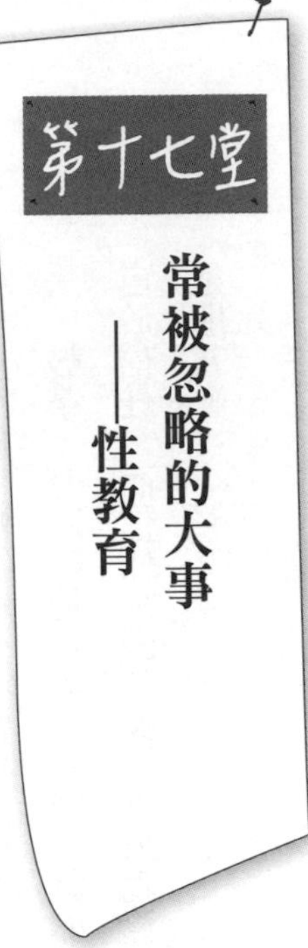

常被忽略的大事——性教育

性教育不只是身體的構造和人類繁殖，還包括著性別角色的學習、對於異性的喜歡、情愛和尊重，所以是既複雜又慎重的事情，需要長時間的學習。

性教育在我們的傳統教育當中，常常是難以啟齒，不知道如何教導的。大多數的孩子都是成長的過程裡自己在摸索，從各種管道得到一些正確或不正確的訊息和知識，就這麼隨著時間過去而長大。許多身為父母親的什麼都想教、什麼都要管，在這時候在這方面卻往往扮演著局外人的角色。

但是性教育確實是非常的重要，尤其是孩子的身心發展面臨到青春期的變化，他們很困惑，甚至是害怕，需要得到幫助，大人們怎麼能袖手旁觀呢？事實上，現在學校的課程裡已經有所安排，有著編寫不錯的教材，老師或學校護士也會進行這方面的教學，學校更會為高年級的學生辦理活動講座，由專業的衛教人員來宣導，這樣子彷彿已經彌補了我們傳統社會對於性教育的不重視和不足夠。只是在家庭裡，做為父母的我們對於這方面問題，難道仍然要保持著過往時代的避諱和不作為？

性教育不只是身體的構造和人類繁殖，還包括著性別角色的學習、對於異性的喜歡、情愛和尊重，所以是既複雜又慎重的事情，需要長時間的學習。

所謂的性教育包括：身體的構造和人類繁殖，以及性別角色的學習和對於異性的喜歡、情愛和尊重，所以是既複雜又慎重的事情，需要長時間的學習。換句話說，性教育是小男孩、小女孩要長大成為男人、女人的教育課程。而這樣的學習內容，家庭的影響顯然大過於學校，父母的角色也顯然比老師或護士更有影響力，因為這不只是一

• 從小讓孩子懂得怎樣與異性相處，是很重要的一堂課！（維維媽媽/提供）

些知識的傳授，還有著性別角色的模仿和扮演，是在生活之中有形的無形的進行著，不斷的進行著。

我們家有兒子有女兒，我們覺得性知識方面比較好的作法就是，兒子交給爸爸，女兒就由媽媽來指導。其實，這些基本的常識在孩子的小時候就已經開始進行，有一些繪本幼兒書的內容在探討我們的身體，用說故事的方式，很有趣又很簡單的讓孩子認識自己的身體。還有，我們父子常常一起洗澡，放滿一大缸水，父子三人一邊玩水一邊聊天，年紀小的他們學著自己洗澡，也觀察到大人和小孩身體的差別，他們童言童語的問著，我試著告訴他們書中所寫的內容，在最輕鬆的狀況下進行著性的教育。孩子這些好奇的問題，都在很自然的情況之下，得到答案，這是最好的教學方式。

至於女兒的部分，媽媽時時關心，尤其接近青春期的國小高年級時，更是關切和提醒。不料，女兒說這些基本常識學校裡護士阿姨都教過了，所以媽媽的角色就是幫忙購買和準備衛生用品，還有女人同理心的關懷。當然還有就是提醒作爸爸的男人，讓我也能瞭解狀況，有幾次女兒生理痛中途請假，還是由我去學校接她回家。成長的過程中，母女二人常常窩在一起講悄悄話，那是經驗的傳授，也是情感的交流。

錯誤的性知識可能造成終身遺憾，不正確的性態度更可能造成遺憾終身。

性教育牽涉到的不只是身體的發育而已，更重要的是還關係到將來結交異性朋友、感情生活、婚姻生活，也就是說，影響了孩子的未來和一生。錯誤的性知識可能造成終身遺憾，不正確的性態度更可能造成遺憾終身。有很多父母不去碰觸的問題，卻是如此的重要。尤其看到現在社會上新聞報導，那一個個偷拍、猥褻的當事人，往往都是受了高等教育的青年。驚愕、嘆息以後，也讓我們更清楚子女的性教育不能完全依賴學校。

在性別角色上，一般來說，確實兒子受父親的影響比較大，成長中他學習著模仿著怎麼扮演男人。相同的，女兒受母親的影響較大，成長中她學習著怎麼當女人。但是，我們的社會，往往父親過於忙碌，把教育子女的責任完全交給母親這角色。這樣對一個媽媽而言，其實是很吃力的，尤其面對青春期的兒子，她並不瞭解他們的生理和心理變化。所以誤解、衝突，造成更嚴重的叛逆、對抗。作媽媽的連原因都不清楚，只是想著我原本可愛的乖小孩，怎麼突然變了，除了傷心難過，一點辦法都沒有。

同樣地，單親家庭的父母角色一人承擔，養育子女常顯得十分吃力。尤其在面對性教育的問題，也會有因為性別上的差異而不知如何著手。曾經就有父親因為不懂女孩的生理現象，認為女兒是不愛上學而故意裝病，所以總是嚴厲的斥責。這樣的不瞭解，當然造成親子關係的裂痕，產生其他更複雜的問題。最後，這有心卻無力的父親，面對苦果，始終認為自己很愛孩子，是孩子難以教養，生氣、難過，充滿失落感。

長久以來，家庭就是性別和性格的養成場所。教養子女不是只有讀書的成績和品德，其中有太多是屬於怎麼做一個人，怎麼長大成人。

其實長久以來，家庭就是性別和性格的養成場所。有想生兒子卻偏偏生了兩個都是女兒的鄰居，重男輕女的觀念影響家庭教養，雖然他們很疼女兒，卻不時顯露沒有兒子的遺憾，於是，他們家的這對女兒，非常陽剛，剪短髮、穿褲裝，一身男裝打扮，一副恨不生為男兒身的心裡，完全是為了符合父母的期望。也有恰恰相反的情形，因為父母親的想法作法，把兒子養得十分陰柔，性格上完全女性化，這在現代社會也很常見。當然這些都不是對錯的問題，而是作父母的要知道原因就是自己，種什麼樣的因，得什麼樣的果。

所以重視這件事情，瞭解教養子女不是只有讀書的成績和品德，在一個孩子由小到大的成長、學習，其中有太多是屬於怎麼做一個人，怎麼長大成人，孩子一直在生活中觀察、模仿、練習，而做父母的常常是在不知不覺之中，到了後來，突然發現孩子已經定型，如果有所偏差也已經為時太晚，難以挽回。許多遺憾都是如此發生，父母親當初的忽略或不瞭解，最後也只能面對和承擔。

作現代父母的難，難在社會變遷太快，誘惑、陷阱太多，難在小家庭父母太忙，親子疏離，難在現代社會競爭

• 重視並用心經營家庭生活，對孩子的教育影響深遠。（皓予＆皓展媽媽/提供）

激烈，自己活的辛苦，更擔心孩子怎麼才不會被淘汰。太多的困難讓很多人不結婚，讓很多人結了婚不要生小孩，這是社會現象，但已經為人父母的我們，不該抱怨，想想孩子帶給我們的快樂，遠超過煩惱。做父母的累往往是觀念不對，常常是方法不正確，才會事倍功半。

養孩子、教育子女，就是要把他們養大成人，讓他們有能力照顧自己，將來還要有能力照顧別人。這樣我們就會清楚要關心孩子哪一方面的問題，要在乎孩子什麼樣的發展，要培養孩子哪一些能力。其實，把握了重點，作父母一點也不累，一家人快樂的過日子，看著陪著孩子成長，沒有壓力，充滿溫馨、趣味，是多麼幸福的事。

教養手札

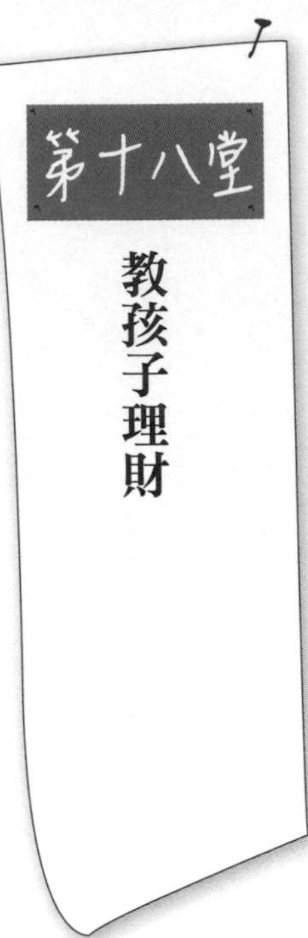

教孩子理財

幫助孩子培養出正確的價值觀，學習良好的財富管理，建立正確的消費習慣，才能讓他們輕鬆駕馭金錢，而不會本末倒置得被金錢奴役。

每當到了春節過年，孩子最期待的，一定就是過年的代表物品：紅包。對孩子來說，領壓歲錢，絕對是過年中最重要的一件事情，然而，小孩子領到壓歲錢，到底要怎樣處理呢？這也就是一個重要的課題：金錢價值觀的養成。

大部分來說，小孩子領到壓歲錢，多是交由家長保管，一方面家長在過年包出去的紅包是一大負擔，所以當然要從孩子拿回來的部分補貼，另一方面，太多的錢小孩子不方便自己保管，所以家長就會代為存到銀行帳戶裡。對於家長而言，到底該用怎樣的方式去教導孩子的金錢觀呢？那也就要看自己怎樣去控制給小孩的金錢金額了。當然，除了每年一次的壓歲錢之外，零用錢這種經常性的金錢使用，更是重要。

若不用心建立孩子對金錢價值的觀念，很難使他養成惜物愛物的習慣，或者理解金錢的功用。

有的家長認為，小孩子在外頭吃東西喝飲料，或者是跟同學出門去逛街遊玩，都需要用錢，怕孩子「錢到用時方恨少」，想花錢的時候手頭卻很緊，又或者是怕小孩因為沒有錢花而在同儕面前丟臉，所以只要孩子出門，銀彈攻勢就一發不可收拾，只要孩子一開口一伸手就給錢，以致零用錢的給予，在時間與數量上都不固定。

這種情況之下，孩子很難建立對金錢價值的觀念，無論是怎樣性質的

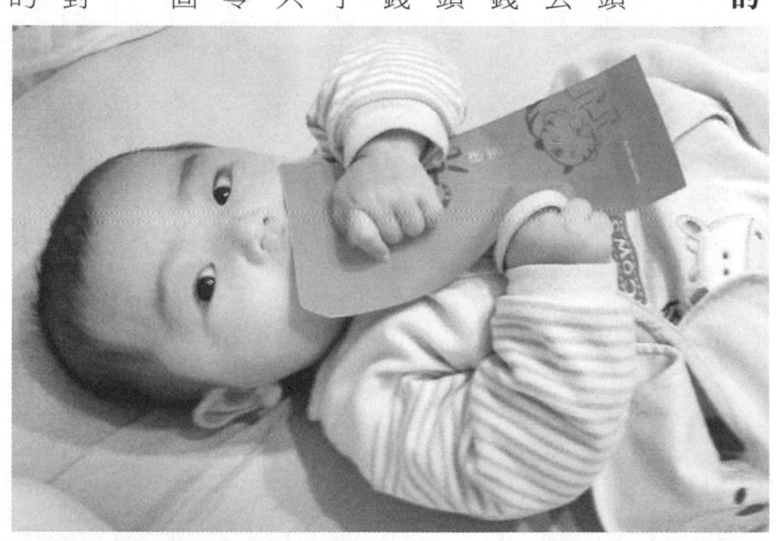

• 過年、過節的時候孩子總會收到很多祝福，這將是他們的第一個理財經驗。（牛牛媽媽/提供）

東西，無論是價格昂貴與否，只要他想要的，幾乎都能到手，既然如此，每一樣採購回來的東西，沒有價值之差，一視同仁當作消費的結果，分辨不出東西的價值，也就很難養成惜物愛物的習慣。今天把玩具摔壞了沒關係，明天再買一個，不是很喜歡的衣服照樣買回來，一次也沒穿過就丟棄，花錢奢侈浪費，對東西很難抱持珍惜的態度，金錢對孩子而言，只是流水般的意義而已，永遠也留不在手中。

另外一類的家長，他認為把孩子照顧得很好，無論是吃的喝的玩的，身上穿的腳上踩的，父母親都會把一切金錢開銷照料的萬無一失，學校各項費用也都按時給付，他們認為，既然已經把孩子需要花錢的部分處理好了，也就不需要給孩子什麼多餘的零用錢，或者是給予非常少量的零用錢意思意思就夠了。

這樣造成的結果，孩子一樣無法建立金錢價值觀。對他來說，錢是什麼，到底能做些什麼，有什麼功用，根本不知道，自己幾乎從未經手過錢，很難去理解金錢抽象的價值，有些孩子甚至就不想去理解金錢的價值，反正只要茶來伸手，飯來張口，不需要花腦筋就能夠衣食無慮。等到以後出社會，要靠自己賺錢養活自己，上了班賺到了錢，卻不懂該怎樣配置金錢的消費，雖然不見得浪費奢侈，可是無法管理自己的財富，錢不知道花到哪裡去，最後結果很有可能和前一個情況一樣：金錢如東流水，離我遠去不可留。

比較正確的作法，就是要給予孩子固定的零用錢，讓他能掌握定時定額的金錢，自己進行管裡。譬如，父母估算孩子每天的基本花費金額是多少，一週給一次或者一月給一次。有固定的經濟來源，孩子可以嘗試去規劃設想，該把錢花在怎麼樣的地方，每天用餐的時候，要先計算花費怎樣的金額才不會超過預算，如果想要買比較昂貴的東西，就必須透過有計畫的儲蓄，來達到目標，雖然只是少少的一點錢，也能夠做有效靈活的運用。這樣一來，遇到朋友生日、父親節、母親節要買禮物，利用有計畫的儲蓄，就可以達成目標。

教孩子管理零用錢，學習良好的財富管理，建立正確的消費習慣，將來才能輕鬆駕馭金錢。

有些家長可能會認為，家裡的經濟富裕，小孩隨便花用無所謂，或是自己能夠照顧好小孩一切，何必要讓孩子把精神跟時間花費在金錢的分配上呢？還不如把這些時間運用在讀書上，父母親會更感欣慰。這會陷入一種迷思之中，因為，讀書升學謀取好學歷的日的，不就是為了找到滿意的工作，賺錢養家活口？孩子長大了總有一天要觸碰到財富管理，先不論金融投資理財等等，如果連最基本的薪水都不會安排如何花用，要怎樣養活自己呢？看看現在造成社會問題的卡奴，有很大一部分就是不懂得管理金錢，藉由信用卡及現金卡，想買就買，完全不衡量自己的能力，那又怎樣能不淪為卡奴。

所以，金錢價值觀的教育是非常重要的。除了利用定時定額的零用錢等等，讓孩子有自行管理金錢的機會之外，也要記得從旁輔導，如何管理金錢的方法。當孩子要購物的時候，討論這個花費的必要性，譬如買鞋子，真的有買鞋子的需要嗎？這個價錢值得嗎？會不會太貴？別家店會不會比較便宜？另一個牌子比較便宜，可以接受那個品牌嗎？鞋子買了之後大概估計要穿多久再更替？從這些細節的討論，會讓孩子瞭解到花費金錢是一件很細膩的事情，絕對不是只有一手交錢一手交貨的消費行為這麼簡單。

偶爾也可以跟孩子說說家裡的經濟狀況，父母親一個月賺多少錢，有多少錢要花費在日常生活固定開銷，教育費佔了多少百分比，每個月汽車的花費，房屋貸款的金額，還有剩下多少是存款。讓孩子瞭解，得到一筆零用金或是薪水的時候，要先規劃既定支出，然後保留一些彈性空間，用家裡的花費做例子，比較貼近生活，也比較容易讓他瞭解，賺錢的辛苦，花錢的迅速，就不會養成奢侈無度的生活態度。

關於錢的俗諺非常多：「人為財死，鳥為食亡」、「錢不是萬能，沒有錢萬萬不能」、「有錢能使鬼推磨」等等，種種都告訴我們，金錢在生活中真的是非常非常重要的一環，然而，培養出正確的價值觀，學習良好的財富管理，建立正確的消費習慣，才能讓我們輕鬆駕馭金錢。千萬不要本末倒置，讓原本只是交易媒介的金錢，卻反過來奴役我們了。

• 從小讓孩子養成儲蓄的觀念，有助他建立正確的消費觀念。（弘毅爸爸/提供）

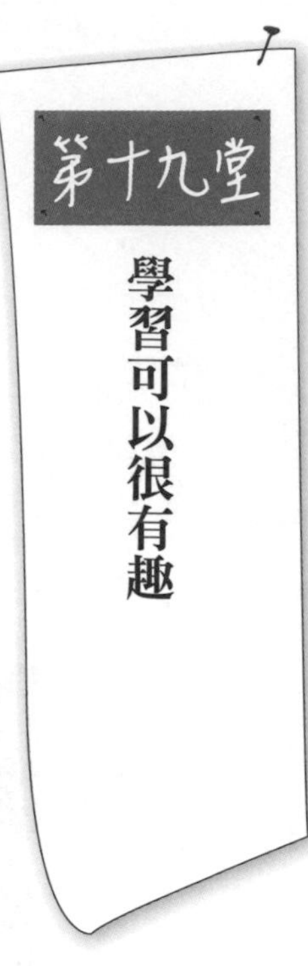

學習可以很有趣

讓孩子從愉快的遊戲中學習遵守規範，邏輯等能力。

相信我，許多人注重教育，以為業精於勤、荒於嬉，要求孩子上學上課要努力認真學習，卻不知道遊戲也是學習。其實遊戲是有趣又神奇的，它具有魔力，只要是小孩，不管是什麼樣個性的孩子，沒有不喜歡遊戲的，它具有強大的吸引力，所以我們不必強迫孩子，而且不必花太多的金錢，甚至作為父母的本身也是快樂的參與著。

當然，我們要先談談遊戲對孩子的學習有什麼幫助。首先我們知道遊戲是有規則的，參加遊戲的人必須遵守規則，遊戲才能進行。因此，孩子從遊戲中最先學習到的就是必須遵守規範，才能夠獲得遊戲的快樂。因為喜歡遊戲，他必然要遵守這些規則，而事實上，這對孩子的行為和他在團體之中生活，有很大的幫助。一般人認為遊戲只是「玩」，只是浪費時間，沒有太大的好處，但是他們並沒有去真正了解遊戲的價值，也忽略了自己是在遊戲中長大的。

各種遊戲有各種功能，是學習的起跑點。

遊戲有千百種，有體能方面的遊戲，讓孩子運動，對於孩子的身體發展和健康，有很大的好處。有益智方面的遊戲，讓孩子思考，對於孩子的頭腦發育，有很大的幫助。還有語文的遊戲、有數學的遊戲、有音樂的遊戲、有美勞的遊戲……，這些對於語言、文字、數數、邏輯、節奏、旋律、空間、色彩、形狀……，有著啟蒙的作用，這其實就是所謂學習和成長的起跑點。

還有，在遊戲當中有成功、有失敗、有勝有負，我們可以利用這過程教導孩子成功不驕傲，失敗不氣餒，學習如何從挫折中站立起來，如何享受收穫的喜悅，更實在的是，遊戲本身就是獎賞或處罰，因此，父母親可以不用花金錢去購買獎品和禮物來討好孩子，也不需要發脾氣打罵孩子。

遊戲本身的快樂氣氛，就是最好的獎勵。父母從教導的角色搖身一變成為遊戲的玩伴，親子關係自然融洽、愉快。

孩子小時候，我們常常全家一起玩撿紅點的撲克牌遊戲，它是一個很容易從事的家庭活動，只要一副撲克牌，父母跟孩子一起玩，大家遵守著遊戲規則，在遊戲裡有數學，有技巧，有運氣，有輸贏，更重要的是很有趣，很好玩。所以，玩了一兩個小時的牌，孩子其實已經練習了數百題的算術，但是他不會厭煩，不會排斥，而我們不必準備獎品，因為遊戲本身的快樂氣氛，就是最好的獎勵。

因為遊戲的樂趣，不覺得累，更不會厭煩，孩子當然不會去排斥這樣的學習。

有些家長會出一些數學題目，要孩子好好作答，承諾孩子答對了有獎賞，孩子往往嘟著嘴巴，勉強的作答，如果都做對了，父母親可不能忘記了

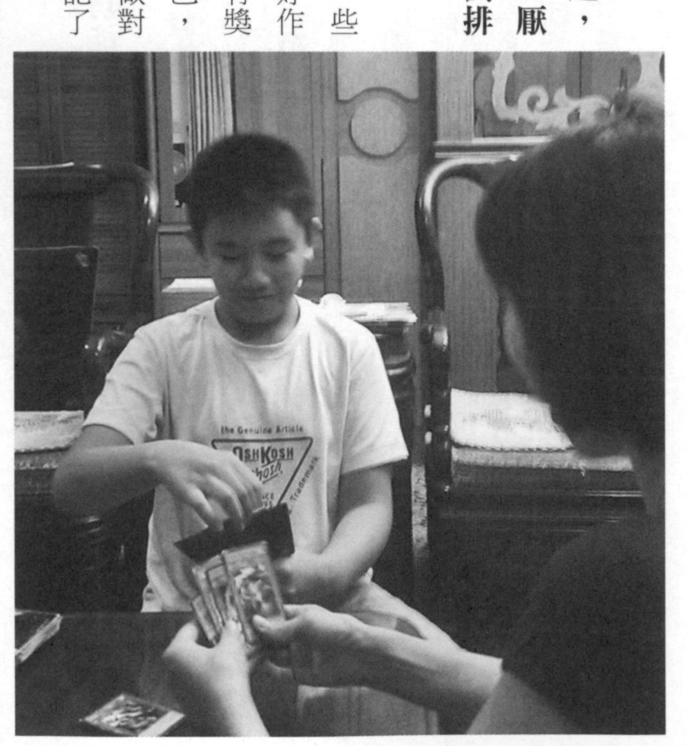

• 全家聚在一起利用撲克牌玩遊戲，可以增加情感也可以趁機學習。（大大爸爸/提供）

答應的獎勵，免得成了沒有信用的小人，如果做的不好，父母親便還要孩子加強練習，這樣對雙方都有著沉重的負擔，學習有什麼樂趣可言。而事實上有許多的遊戲，都跟數學有關，都能夠幫助孩子在數學方面的學習，而孩子因為遊戲的樂趣，不覺得累，更不會厭煩，當然不會去排斥這樣的學習。父母從教導的角色搖身一變成為遊戲的玩伴，突然之間，這些學習融於無形之中，而充滿了樂趣，親子關係變得融洽、愉快，這是不是一舉數得呢？

有一位朋友談到他的實際經驗，他的女兒在小時候，就顯得聰明伶俐，能言善道，可是有一天，他教他女兒數數兒，竟然從一數到五，就這麼五根手指頭，教了一個小時，他那聰明的女兒，還是搞不清楚，他用盡了所有辦法，最後宣布放棄，然後告訴自己接受一個事實，他的女兒，語文不錯，數學恐怕就有些遲鈍了。就在他不抱什麼希望之下，過了幾個月的時間，他發現他的女兒，因為跟爺爺在一起玩撲克牌的遊戲，從比大小到接龍，興致勃勃，每天都要玩上一段時間，爺孫倆感情好的很，而女兒的數數兒，早就超越了當初他所要教的東西，他很訝異，更神奇的，日後女兒還繼續的跟爺爺玩，從二十一點到撿紅點，學了更多更複雜的撲克牌遊戲，學了很多超過她年齡的數學，他興奮的不得了，在茶餘飯後，跟朋友談起這一段經驗就眉飛色舞。

人的學習成長和小時候從事的遊戲有關。

其實我們不難發現遊戲對人學習成長的影響。在社會上，大部分的女性在語文方面的能力，明顯的超過男性，而大部分的男性在數理邏輯方面，明顯的超過女性，這不純粹是頭腦構造的問題，而與小時候學習的興趣和從事的遊戲有相當的關連。

一般女孩子在小時候喜歡扮家家酒、玩洋娃娃，她們在那裡自言自語也好，對話也好，不斷的編造劇情，所以成長中比較喜歡小說和戲劇，長大之後，語文能力自然就比較強。

通常男孩子在小時候就喜歡搏弈遊戲，玩紙牌、撲克、下棋，他們對於抽象的數字，不斷的練習，還要用腦筋如何贏過對方，這些遊戲讓他們對數理比較有興趣，也得到充分的練習，奠定良好的基礎。

這些說法不是理論，事實上，如果我們回想自己的童年，在成長過程中所從事的遊戲，再和自己後來發展的興趣和所擁有的能力做一些比較，就可以得到印證。而我們不得不承認，小時候的遊戲竟然影響了我們的一生。

孩子在遊戲中所學得和顯現的能力，往往超乎我們的預料和想像。

孩子在遊戲中所能學得和顯現出來的能力，往往超乎大人的預料和想像。曾經在一次聚會裡面，聽到一位夥伴的分享，說到他八歲的兒子常常一個人使用積木，設計組合太空基地，然後，自己玩著太空探險遊戲，他總覺得那是孩子看多了卡通影片以後的後遺症，因為孩子玩得自得其樂，他也就不大干涉，直到有一天，他無意間聽到了一捲孩子自己錄製的遊戲錄音帶，他訝異的發現，一個八歲的孩子竟

• 遊戲是孩子們童年最主要的活動，他們可以藉此學習到很多能力。（皓予媽媽/提供）

然可以自編自導自演，還配上許多的音效，一個人分飾好幾個角色，編造了一個情節精采的太空探險故事。他讓我們聽那捲錄音帶，我們每個大人都覺得太不可思議了，怎麼有這麼棒的孩子？而這一切其實都是遊戲的功勞。

如果，你相信遊戲確實有神奇的功能，遊戲確實可以幫助孩子的學習，那麼就要把握時機，在孩子小時候多陪他玩，自己花腦筋安排適合孩子年齡的、有趣的、有意義的遊戲。在日常生活中，不同的時間，不同的場合，自由的運用，不但能夠對孩子的學習有幫助，也是家庭裡建立良好親子關係最佳的膠合劑。

教養手札

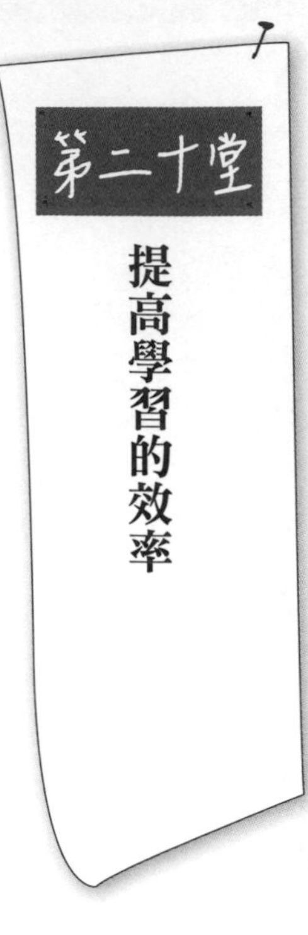

提高學習的效率

長時間讀書，效果反而差，分散學習時間，感覺比較不累。

長時間讀書，效果反而差，分散學習時間，感覺比較不累。

很多家長認為自己小孩的功課不好，於是一味增加小孩的讀書時間，經過一段時間下來，卻發現成績上沒有多少進展，甚至就因此開始懷疑自己的小孩智商不高。其實讀書是一件需要高度專注力、還有充沛體力的事情，一旦讀書的時間拉長，不但專注力會下降，也會因體力的流失，無法好好融會貫通，所以家長要試著瞭解自己小孩的極限在哪裡，給予的讀書時間千萬不要過長，以免事倍功半。

嘗試著把孩子的學習時間分散開來，讓他每一次讀書的時候，都能保持在體力和專注力高昂的狀態，如此一來，才能看出時間投入所得到的效果。另外，孩子在讀書的時候，可以建議他，不要只讀同一個科目，因為專注力會隨著重複同樣的事情而遞減，一個小時讀數學，一個小時讀國語，對於大部分的孩子來說，比較不容易煩悶，也可以讓他不用長時間學習不喜歡的科目，甚至可能在少量多次的閱讀情況之下，漸漸地減少對厭惡科目的排斥感。

飯後立刻讀書，注意力難集中

人在進食之後，血液會漸漸集中在消化器官，這是動物的本能和機制。也因此，剛吃過飯後，在腦部的血液較少，反應和注意力都會比平常要緩慢，這個時候立刻讀書，通常進度會較為遲緩。最好是飯後稍做休息，等食物經過一段時間消化後，再攤開書本。

所以，有些年紀稍大的孩子，譬如說國、高中生，可能看書時間比較長，讀的比較晚，造成肚子餓，這個時候吃點宵夜是應該的，但是不必在吃完宵夜就急著繼續唸書，可以稍做休息，這個簡短的時間，也可以作為親子溝通的良好機會，即使只是十幾分鐘，日積月累也很可觀的。

將讀書時間，改為讀書份量

有些時候，比較不積極或是能力較強的孩子，會刻意放慢自己的速度，拖拖拉拉，等著規定的讀書時間過去，如此一來，學習的效果必然不好。對於這種情況，家長應當把規定孩子讀書的時間，改為規定讀書的份量。剛開始，先在一旁陪著孩子讀書，他在有壓力的情況之下，表現較正常，這時家長就能根據觀察來判斷孩子複習課業的能力，指派適當的讀書份量，如此，孩子也不會拖拖拉拉浪費自己的時間。

利用鬧鐘來提醒

就如同前項所提到，對於某些孩子，可以將讀書時間改為讀書份量，這樣，孩子比較不會浪費時間。不過仍然有些孩子，即使規定他讀書的份量，還是一天天蹉跎，永遠沒有辦法達到標準，可以試著利用鬧鐘來提醒，或者說是限制，在讀書時間與份量的雙重限制之下，或許能夠達到鞭策的效果。如果依然無效，要注意兩方面。第一，孩子是否真的在規定的時間內無法完成給予的讀書份量，果真如此，家長勢必要調整。如果只是孩子的態度太過消極，那麼就要考慮獎懲並濟，一邊給予誘因，一邊督促他。

「複習」和「預習」能加深印象

「預習」是一項非常優良的讀書方法，通常在預習的時候，會產生很多問題，於是，在課堂學習時，就會專注的聽老師講解，很容易就瞭解了課程，學習效果當然倍增。

「複習」則是一項必備的讀書方法，部分的孩子和家長，會認為學過的東西就是學會了，其實，人的記憶能力有

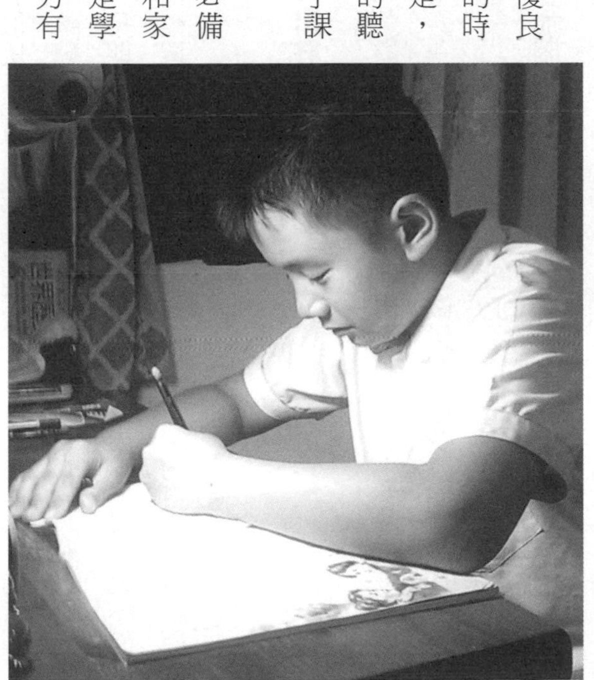

・協助孩子養成有效且正確的學習習慣，可以達到事半功倍的效果。（大大爸爸/提供）

限，特別是短期記憶流失的很快，如果只認為上課教過，就不再複習，通常到了評量的時候，腦袋中只剩下支離破碎的記憶。複習，才能把學過的東西徹底的融會貫通，變成長期記憶，然而，長期記憶還是會隨著時間慢慢流失，所以讀書不僅僅是要複習，還要有規劃的分佈複習，才能把從以前到現在所學過的東西深植腦海。

考完試，是檢討和再出發的好時機

即便認真的讀書，有計畫與規劃地做預習和複習的工作，考試還是不可能十全十美。考完試之後，要求孩子認真去發掘自己做錯題目的原因，是真的不能理解，還是粗心大意。如果是不能理解的題目，就必須從頭建立正確觀念，輕忽檢討，只會造成往後的學習更加困難。如果是粗心大意，千萬不要責罵孩子，簡單的題目當然也會有錯誤的時候，跟孩子討論看看，是因為考試題目太多，所以在時間壓力上造成的粗心，還是平時練習太少，所以才會作答錯誤。找出原因，對症下藥，才能為以後的學習建立良好的再次出發點。

目標具體，孩子會更認真

不管是大人或小孩，做事情有目標，才能提起精神。學習的目標可以有很多種的訂立方式，最簡單的，當然是訂定分數的門檻，不過每次考試的難易度不同，用分數門檻這種絕對標準，通常不建議使用。可以要求孩子以一個功課比自己稍微好的同學為競爭對象，每次考試就以勝過他為目標，等到可以穩定超越這個對手，再去尋找下一個比自己優秀的同學。

訂立這種目標，孩子勝過他人的成就感，就會是一種最好的獎賞，當然，如果要更拉高孩子的積極程度，可以適當給予獎勵，可是千萬要注意小心運用獎勵品，以免造成孩子錯誤的價值觀，認為讀書就只是為了得到獎金或獎品，這樣子一旦成年以後，失去父母親給予的獎勵，對於繼續深造的興趣就會大幅低落。

遊戲和學習調和，效果更高

如果總是把學習當作是讀書，自然而然覺得無聊覺得悶，如果可以把學習變成一種遊戲，學習動機就會大不相同，只要能解開問題，就能滿足成就感。比方說，數學科目，用最基本的競賽方式，跟孩子比速度比正確率，或者是讓孩子跟自己比，把數學變成像是一種運動競賽，增添了刺激感。地理，可以讓孩子自己畫出一張地圖，把地標的名字做成活動式的，嘗試去配對，又或者把地圖拆成拼圖，在拼湊的過程中，不但有樂趣又自然而然學習到了知識。

每個科目只要稍微動動腦筋，就不會再如以往那樣死板，孩子也比較容易因為遊戲就自然學習，更可以因此產生興趣，或是減少對某些科目的厭惡。

休息時間不要太長

一旦休息時間過長，人的精神就會處於放鬆狀態，這樣如果要再進入狀況，就必須花更多的時間，就像汽車停了再發動引擎的道理一樣，又得花些時間，才能再衝刺。不過有些時候，例如大考前，孩子不得不長時間唸書，但是長時間唸書會使得讀書效率遞減，當然需要適當休息，但是十幾分鐘即可，如果休息一小時，那麼好不容易凝聚的注意力，又會鬆散掉了。可以考慮，讓孩子每半小時休息五到十分鐘，如果是比較大的孩子，那麼可以每一小時休息一次。最不建議的方法就是，一下子讀了三四個小時，中間又休息一兩個小時。雖然讀書時間跟休息時間的量是一樣的，得到的效果卻是天壤之別。當然也有例外的孩子，這就需要父母親觀察後，做適度的調整。

教養手札

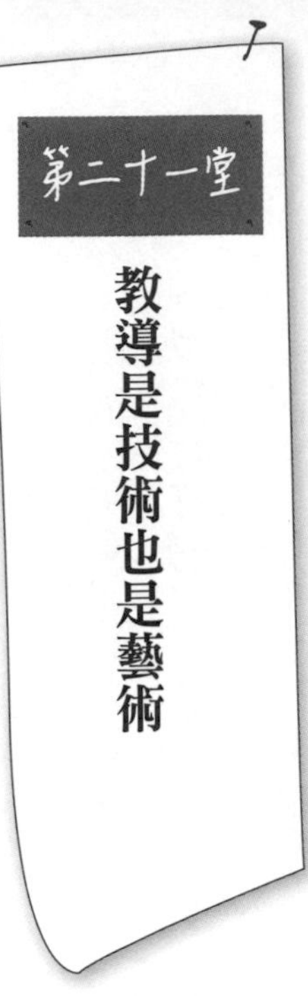

學習本來就不事件容易的事，如何利用一些技巧幫助孩子學習，就也變成是爸爸媽媽的教養技術與藝術了´4

訂定讀書時間表，不如先訂定遊戲時間表

一般來說，孩子的執行力不比大人，規劃的讀書時間表，孩子未必能按照計畫完成進度。如此一來，勢必要再增長讀書時間，會使孩子在心裡與生理上更加疲勞，讀書效果自然而然會低落。

所以與其在讀書時間上做規定限制，不如訂定遊戲時間表，把遊戲休閒時間做好控制，不要浪費時間，讓孩子先從簡單容易控制的遊戲開始練習執行力，循序漸進到讀書時間的規劃，效果才會較佳。

另外，孩子對於有事先規劃的遊戲時間瞭解清楚，心裡也比較有讀書的動力，父母從旁協助指導時間表的規劃安排，可以讓孩子長大後，對於時間掌握有較好的概念，也可以瞭解孩子對什麼樣的遊戲活動比較有興趣，從中去輔導他瞭解自己的性向，確立目標後更清楚努力的方向。

小學五年級學生小明的遊戲時間表

一	二	三	四	五	六	日
						親子活動日
					14:00~16:00 運動時間	
17:00~18:00 遊戲休閒	17:00~18:00 遊戲休閒	17:00~18:00 遊戲休閒	17:00~18:00 遊戲休閒	17:00~18:00 遊戲休閒	17:00~18:00 電視時間	
					19:00~20:00 課外閱讀	

複誦可以加強記憶效果

人的記憶方式有各式各樣不同的方法，譬如說，在唱歌的時候，我們可以隨著旋律輕鬆唱出歌詞內容，可是如果硬性規定要默寫出所有的歌詞，就不是那樣容易了，聽覺的確有協助記憶的效果，有些文字內容複誦起來可能有節奏感或韻律感，會更容易深植腦海。

所以在孩子看書時，不見得只能坐在書桌前，一遍又一遍去閱讀文字，可以試著要求孩子唸出內容，或者父母念一遍，孩子複誦一遍，利用聽覺來加強記憶，達到事半功倍的效果。而且此種方式，比在寂靜的氣氛下死讀書來得活潑，孩子會比較有學習的意願，也比較不容易發生精神不集中或是昏昏欲睡的狀況。

要加強孩子寫和計算的能力

在課業或者是其他需要記憶性的能力，除了前述用聽覺協助學習之外，動手寫也是非常重要的，除了一般上課時間把老師所說的重點註記下來，自己在預習或複習的時候，也可以重新抄錄一份重點，再次加強印象。

記憶的方式有很多種，只依靠視覺，讀書只用「看」的，那樣對於需要記憶性的內容所花的時間，將遠超過複誦後又抄寫一份筆記，尤其是許多人會認為：數學注重邏輯，只要觀念正確就不會有問題，所以連數學也只用眼睛看過一遍，然而數學的觀念當然重要，但若沒有實際計算，很多盲點會無法發覺，所以平常一定就要養成孩子動筆算的習慣。

計算的練習，要正確更要速度

說到動筆算數學，建立正確的觀念，是最為重要的，而在觀念建立之後的練習，才是讓基礎更紮實的關鍵，數學要有進步，就是大量練習，讓觀念成為一個

・計算能力的加強沒有捷徑，利用時間多多練習是最好的方法！（大大爸爸/提供）

反射動作，可是在一般生活，不是做研究工作而是做計算問題，所以計算正確之外，更要速度。

再實際一點來說，考試測驗的時間有限，計算的速度越快，就有越充足的時間去驗算、檢查，可以更加提高正確率，所以速度與計算正確是相輔相成的。父母親剛開始可以先增加孩子練習的題目，先要求正確，在正確率夠高之後，再要求孩子在限定時間內做完練習題，循序漸進。

在生活上運用數學課所學得的東西

前面一而再、再而三的強調，學習不能與生活分離，所學就是要用在生活上才有學習的意義，學習起來也才有動力，尤其在生活中，有非常多數學運用的例子。譬如：一塊生日蛋糕分給八個人吃，每個人可以分到多少？一公升的九五無鉛汽油多少錢？現在的室內溫度是幾度？明天臺北的降雨機率是多少？二〇〇八總統大選的投票率是多少？

以上所舉的例子，都不是完整的數字，但是整數的觀念容易建立，而分數、小數和百分比，對孩子來說就相當抽象，利用生活上常見常用的這些數字，讓他建立起抽象的概念，這些非整數就不會是難以理解的，之後，再深入到計算。例如：一公升的九五無鉛汽油二十九點八元，加滿四十公升是多少錢？一片披薩切成十二份，吃了三份是吃了幾片披薩？利用生活上各式的機會去教導孩子，在學習上的困難，將會減少許多。

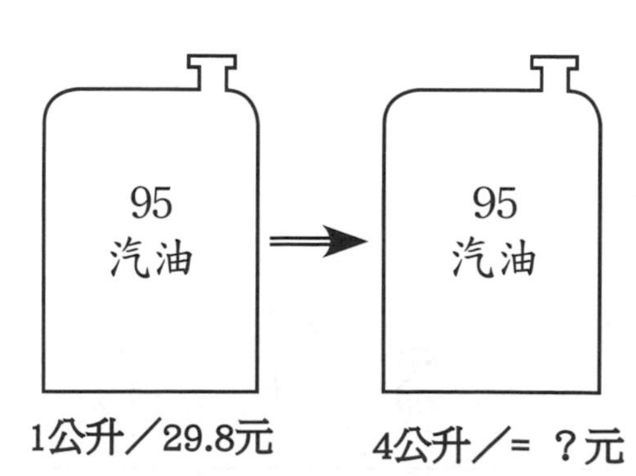

將學習的內容圖示化，可以幫助理解與記憶

對於大部分的人而言，視覺是接收訊息的主要來源，圖像所表達的意義，會比文字多很多，也比較容易理解，所以孩子看一般的兒童讀物或是教科書時，可能一知半解，在看內容比較困難理解的漫畫書時，卻可以清晰理解書中所表達之意義，這就是圖像協助的效果。

因此，在學習時，可用照片、圖片輔助文字內容，這樣，孩子不只能憑藉文字去死記背誦，更可藉由圖像的記憶協助聯想。特別在數學方面，孩子對於阿拉伯數字可能比對中文陌生，要只看數字去建立運算的概念實在很困難，把運算生活化、圖示化，譬如三加五，可以在紙上畫出三顆蘋果與五顆蘋果，這樣子就能夠一目了然，對於運算就不會那麼抽象。

而圖示化的另一種方式，將艱澀的文字，編輯整理成樹狀圖或是表格，在有關連的內容方面，譬如歷史或地理，就可以把一大篇文字內容整理出有系統條理的關係圖，背誦起來就會得心應手。

利用圖示化來協助孩子了解學習內容，或許在初期會花較多的時間去準備與講解，然而在之後的教導，會節省很多時間，因此，千萬不要短視，而忽略了圖示化的效果。

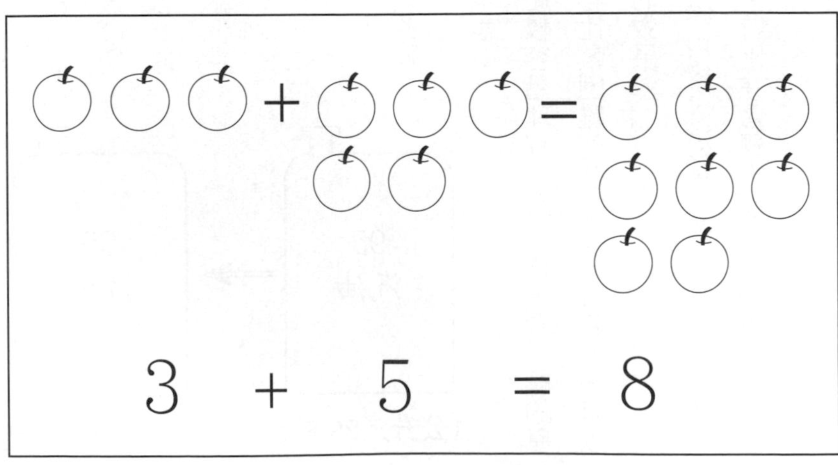

從默讀到速讀，提高學習效率

人的一生當中，時間是有限的，尤其在讀書方面，為什麼在相同的時間內，每個人能夠完成的進度會差那麼多？這就是讀書效率的差別。提升學習效率，是讓學習大幅進步的關鍵，而學習效率的提升，關鍵就在於閱讀的速度。要加強的方式，就是改變閱讀習慣。

孩子初次嘗試閱讀的時候，一定是唸出每一個文字，一點一滴看下去，之後進步到在心中默讀，然而要加快讀書的速度，必須連默讀都要放棄，利用視覺去閱讀。因為使用默讀，一次只能讀一個字，縱使再快速，也比不上用眼睛一次看一個段落，傳送一個段落的訊息到大腦裡來得快。

閱讀速度夠快之後，在讀書學習上就可以減少花費的時間，有更多空間去加強其他較弱的科目，或者是充實自己，又或者是能休息放鬆，正如同俗諺所說：休息是為了走更長遠的路，適時休息也更能增加讀書效率。

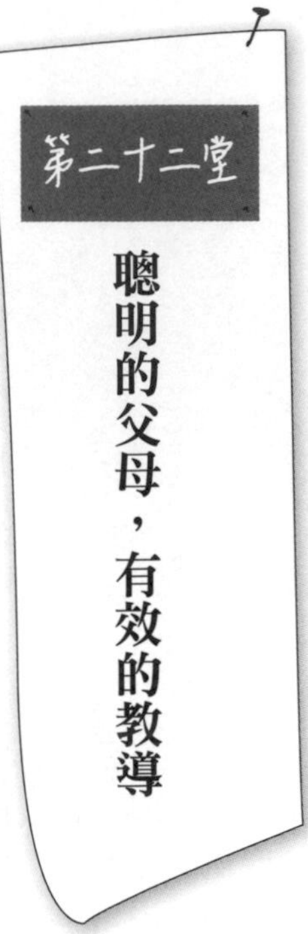

第二十二堂

聰明的父母，有效的教導

聰明的爸媽，要懂得利用有效、有邏輯的方式來教導孩子，幫助他們養成獨自思考、解決問題的能力，絕對不能敷衍了事，因為那可是關係著孩子一生的幸福呢！

養成孩子自己查書籍尋求解答的習慣

父母親在孩子年幼的時候，就像是他的百科全書，所有的問題，只要發問就可以得到答案，可是隨著孩子的年紀增長，問題的廣度與深度都會增加，父母親就很難繼續替他解惑。俗話常說：「給他魚吃，不如給他一根釣竿。」孩子的學習也是如此，從小就教導他在遇到問題的時候，怎樣自己從書籍中甚至從網路上找到解答，培養出這樣良好的習慣，將來長大之後可以獨立解決問題，而且，自己所找到的答案，印象往往比他人用口頭回答來的深刻。

在孩子問問題時，要求他先說出瞭解的部分

在家自行練習的測驗卷上，總是有些令孩子疑惑的問題，做父母的不要急著

幫孩子對答案，告訴他這裡為什麼是這樣。要求孩子先說出他所瞭解的部分，可以節省時間，不用再去解釋他已經懂的部分，還可以清楚發現他真正的問題在哪裡，把重心放在解決他的問題上。除了考試題目之外，其他的問題也可以用相同的方法，另一方面還可以訓練口語表達能力。至於要如何讓他瞭解答案，需要和下一個方法相輔相成。

不見得直接回答，反問可以讓孩子加深思考

如同之前所提到，如果直接回答孩子問題，可能孩子會懶得花腦筋，而且對答案的印象不夠深刻。有時候，反問孩子問題，可以讓他加深思考，如果遲遲回答不出來，再用數個問題引導孩子由淺入深，最後找到原本問題的答案。或者是將問題延伸到其他部分，串連思考不同領域或不同課程的相關處，達到觸類旁通的效果。當然，這樣的方式不但花費時間，還很花費心力，孩子要絞盡腦汁想答案，父母親也要去設計引導式的問題，可是一旦培養出深入思考的能力，將來他的學習就會比較有深度。

培養孩子在課堂上發問的習慣

在上課時經常看見一種情況：老師的進度一直往前，很多學生跟不上，可是卻沒有任何人反應。這種時候，除了老師本身應該要察覺之外，孩子也該自己發問。一般而言，多數人認為不會是一件丟臉的事情，所以不敢表態說自己不懂，然而，不懂裝懂，才是最為可笑和可悲的。培養孩子遇到不懂的情況就自動發問，剛開始可以從家裡做起，等到他習慣之後，在課堂上自然也就不會在乎他人的眼光。這樣子懂得主動提出問題、即時解決問題，是最好的學習方法。

• 課堂上的發問，有助於立刻釐清學習上的困擾，應該多多鼓勵孩子這麼做。（黃登漢校長/提供）

父母不清楚答案，不要隨便應付子女

孩子會對父母親提問，是因為對大人信任和崇拜，認為父母親什麼都理解，而且很誠實。如果不清楚答案就隨意回答，這樣子不僅會讓孩子吸收到錯誤的知識，如果哪一天他知道了真正的答案，對於父母親的信任與崇拜就會慢慢消逝。遇到這種情況，最好是坦承自己也不清楚答案，與孩子一同搜尋資料解決疑惑，這不僅僅建立在孩子心中的誠信，也是很好的親子活動。

事先聲明「只說一遍」，可以加強孩子注意力

很多父母親對孩子的耐心，反而會養成孩子的依賴。父母親教導的事物，他不會認真聽，因為下一次問了，父母親還是會不厭其煩的回答，造成孩子沒有進步，父母親也是事半功倍。事先聲明「只說一遍」，並且嚴格執行，讓孩子在接收資訊的時候，可以加強注意力，增加吸收知識的效果。不過，孩子總是會有忘記的時候，不需要再次回答，嚴格執行「只說一遍」的原則，指導他自己從書中再次找到答案即可。

與孩子談話，要修正他用詞的精確性

成長過程中，孩子用字遣詞的方式深深受到父母親影響，除了身教之外，言教也是重要的一環。與孩子談話時，聽見他有用詞不正確的部分，務必要打斷談話使之修正，不要將錯就錯，放任錯誤的使用語詞，這種錯誤不僅會影響他往後的語文能力，也會造成表達能力不佳，不能精確的說出想要敘述的事物。尤其在國小階段，正是大量學習基本詞彙的時間，也包括成語等等，這個時候千萬不能認為孩子還小，以後再學沒關係，而輕忽了用詞的精確性。

將學習和日常生活的知識結合

學習要記憶深刻，最好的方式就是可以在日常生活應用，或者是把日常生活的道理，與課本的知識結合。譬如說，水壺為什麼會冒煙？怎樣自己做日晷？為什麼月亮會有圓缺變化？春聯有什麼特殊寫法？一件衣服特價五折，又用會員價打八五折之後是多少錢？諸如此類的方式，讓孩子在日常生活中瞭解到自己學習的知識可以活用在何處，不僅僅是可以加深印象，也能夠讓他知道學習不是用來應付考試的。

課輔班的「預習」，反而有害正常的學習

許多父母親因為工作繁忙，沒有辦法顧及孩子的課業，會將孩子送到所謂的課輔班，一方面可以顧到功課，另一方面也有安親班的效果。一般的課輔班，只是做一些作業的指導和測驗卷的複習，對於孩子的課業來說還算有相當的幫助，不過有些課輔班會標榜著讓孩子成績大幅進步的口號，增加了很多「預習」的課程，如果孩子跟不上這些課程，會讓他困惑，因為學校有學校的進度，課輔班又有另外的進度，兩者互相干擾之下，反而有害正常學習。如果孩子跟得上課輔班的「預習」課程，也不要掉以輕心，因為少部分的孩子可能會覺得他已經學過了，所以學習態度不佳，在學校的正常進度就不願意專心聽講，可能還會成為老師眼中的問題學生，干擾到老師的教學，影響到其他同學的學習。這種狀況的孩子雖然在課輔班「預習」，課業可能因此不進反退，越補越大洞。

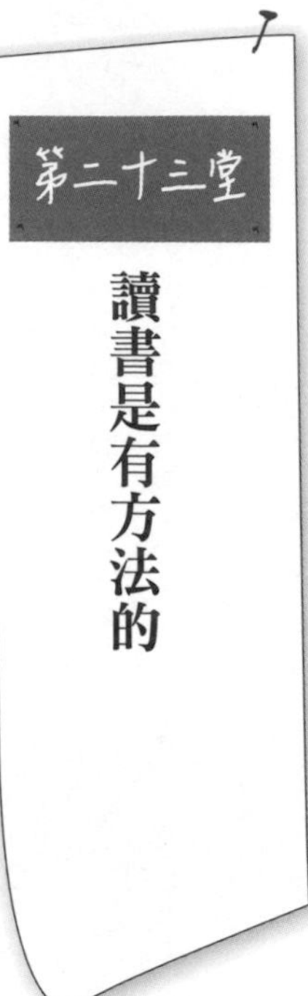

第二十三堂

讀書是有方法的

培養孩子的正確習慣是讀好書的不二法門，從事前的環境整理到學習方法，甚至執行的細節都有「眉角」喔！幫助孩子掌握讀書方法，讓學習事半功倍！

先從整理書桌做起

要求孩子讀書專心，我們要先提供一個良好的環境，書房書桌是最基本的。年紀小的孩子，會喜歡把書桌當成自己的堡壘，無論是珍貴的寶貝，或者是心愛的玩具，都會放在書桌上，所以在讀書的時候，經常會因此沒有辦法集中注意力，效果自然打折扣也就事倍功半了。要求孩子讀書，從整理書桌開始，盡量保持桌面簡單整齊，只留下必要的文具跟書本，就能達到最基本的目標：專心讀書。

• 乾淨整齊的書桌，可以讓孩子閱讀時不容易分心。（大大爸爸/提供）

先讀拿手科目

對於事物每個人都有不同的喜好，面對學校的課業也是相同的道理，總是會有比較厭惡的科目，如果讀書的時候先從厭惡的科目著手，孩子容易感到疲倦、注意力不集中、甚至就放棄了。先讀拿手喜歡的科目，可以讓孩子對於讀書這件事養成習慣、減少排斥。遇到厭惡的科目時，家長可以先陪著孩子念，試著找出如何讓孩子接受的讀書方式，不要輕易放棄。

先從簡單的部份開始

好的開始是成功的一半，讀書寫作業也不例外。先從簡單的部份做起，可以幫孩子建立信心，顯得有效率，不容易疲累。後來再發現問題的時候，比較有耐心去解決。要避免像無頭蒼蠅的讀書方式，如果一起頭就遇到較困難的部份，會延誤讀書進度，使得時間在困惑中浪費，精神疲倦，會讓孩子不喜歡讀書，甚至開始厭惡或者放棄該科目。

訓練孩子說出當天的學習內容

經過一天的上課，孩子到底學習到了那些內容呢？訓練孩子說出當天的學習內容，可以瞭解到在學校的學習狀況，還有專心聽講的程度，更是讓孩子練習表達陳述的能力。另一方面，藉由這樣的溝通，也是一種很好的親子活動，除了學習內容之外，也可以讓孩子談談今天在學校發生的事情，拉近親子距離。

就算讀書時間已到，也要讓活動告一段落

在規定的讀書時間已經到達時，孩子可能還在從事一些其他的活動，譬如：看電視、打電腦、讀故事書等等，讓孩子把這些活動告一個段落，再去讀書，如此一來，不會在讀書的時候依舊對尚未完成的活動依依不捨，也才能專注的讀書，增進學習效率。

孩子喜愛的節目前一小時，是最好的讀書時間

利用孩子喜愛的電視節目當作誘因，鼓勵他認真讀書，如果可以達到進度或是目標，就可以觀賞喜愛的電視節目，這種獎賞看似簡單，其實效果相當優異，孩子往往會因此表現出令人驚豔的讀書速度，當然也要注意孩子吸收的情況。

改善粗心大意，分數立刻提升

考試的時候，最常發生的事，就是明明會寫的題目，卻因為一時粗心大意，而損失了分數。其實平時就應該要求孩子細心，看清楚題目再作答，並且練習在有限的時間內，試著在做答完後，還要檢查答案。另外，作答時筆跡避免潦草，也可以幫助自己減少錯誤的發生。

將歷次月考分數貼在牆上

人都有比較、競爭的心理，剛開始要求孩子跟自己比較，把歷次月考分數稍作分析，了解自己為什麼會進步、退步，確定該加強什麼科目，以及如何分配時間。當孩子已經可以有效的進步，也可以嘗試將目標設立在其他同學身上，先從成績相近的同學開始，以追上他或超越他為標的，如果能成功超越，再以下一位成績相近的同學作為新目標，慢慢進步。

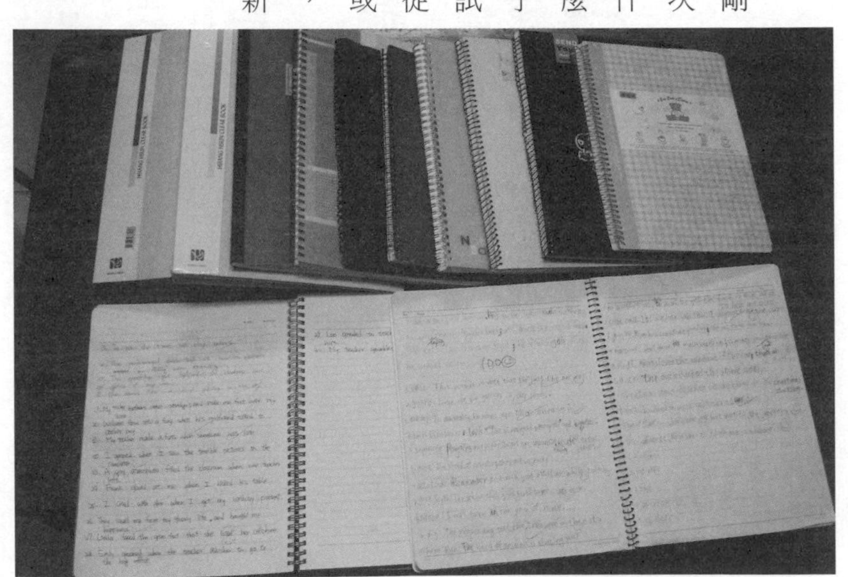

• 勤做筆記，記錄重點以及問題，可以迅速掌握學習關鍵並減少重複犯錯。（孫美玲老師/提供）

在關鍵重點上做記號，有助於複習

書本的內容總是繁重，初次閱讀時，當然可以一步一腳印，慢慢吸收學習。但是複習時，往往時間有限，不能再用原本的讀書速度，在較為快速的複習中，也就容易發生忽略了部份重點的情形。所以當孩子在初次學習時，家長就應從旁指導，提醒孩子在關鍵重點上做記號，以及在有問題的部份自行做註解，如此一來，在複習的時候，就可以一目瞭然，加深對於關鍵重點的印象，也不會有遺漏，看到有問題的部份，更能理解，減少錯誤發生的機會。

學習不一定要在書房

生活中有很多零碎的時間，如果能有效利用，就可以讓讀書變得更輕鬆。譬如在通勤的過程中，可以簡單的複習英文單字、背誦唐詩、或者是記憶九九乘法表，所以讀書的場所不一定要限制在書房。可能孩子在太安靜的環境下，容易打瞌睡，又或者是，孩子一個人唸書會三心二意，不能集中注意力，在這種情況下，暫時把孩子的讀書場所換到他處，譬如說：客廳等等。改變讀書的環境還有空間，也可以改變孩子讀書的態度。不過，最為忌諱的就是，讓孩子一邊上網一邊看書，或者是一邊看電視一邊看書，孩子可能會堅持，在書房沒有辦法好好閱讀，然而，這樣的讀書方式，絕對不可能真正吸收知識。

成績退步，可透過複習舊教材建立信心

孩子總是會有遇到困難的時候，成績退步也是不可避免的，然而當成績大幅退步的時候，家長千萬不可以輕忽。通常在成績大幅退步的時候，最容易造成孩子對學習產生挫折，進而不願意付出心力讀書，這時候，可以藉著複習舊教材建立信心，讓孩子恢復對學習的興趣，也透過這樣的過程，把基礎打好重新再來，在學習新教材的時候，降低學習困難，發現問題的所在。

善用測驗卷和參考書來檢視孩子的學習

無論是怎樣的科目，或者是讀書之外的事情，都需要簡單的測試來瞭解成果。善用測驗卷和參考書，檢視孩子的學習，一方面可以訓練答題速度，一方面可以增加檢查答案的時間。另外，找出錯誤，看看哪些地方有問題，需要加強學習。

然而，測驗的份量與方式要很注意，如果份量過多，只會造成孩子的負擔，產生厭惡感，測驗完畢之後，絕對不只是更正錯誤，將正確的答案背誦在腦海裡，應該要仔細詢問孩子的問題在哪裡，重新把觀念整理建立，才能真正的將學習的成果深植。

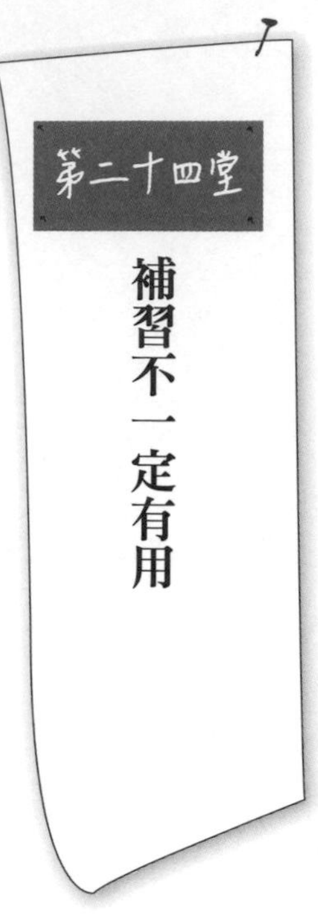

補習不一定有用

隨著孩子年紀的增長，補習不能強迫，應該跟他討論，陪著他選擇。如此，除了能夠補足弱點，增強興趣之外，也讓孩子知道，要為自己的將來做打算。

補習是一種永不退流行的流行。從前學生們的話題是在討論「你有沒有補習？」，現在孩子們的話題是在討論「你補了哪些習？」，補習班的密集度，不但沒有隨著少子化以及教育改革而減少，反倒是如雨後春筍般不停增加，學校附近補習班的數量，竟然不輸給早餐店的數量，補習班就好像早餐一樣，變成學生生活的必需品。

補習班有兩種類型，一種又稱才藝班，是為補充學校教學所不足的項目，諸如：音樂、美術、書法、作文、英語等等，讓孩子多一些時間接觸這樣的才藝，不該是期許孩子將來能成為一個藝術家，或是音樂家，更或者是一個大作家，而是希望能夠給予孩子一些基礎的能力，培養興趣，陶冶性情，增加他未來生活豐富、精彩的程度。另外一種，則是加強學校既有的項目，也就是我們一般常說的「補習」或「課輔」，補國語、補數學、補歷史、補地理，幾乎所有的科目都有得補，除了增加額外的上課時間外，也會增加額外的學科作業及考試。

兒子還小的時候，問他喜歡什麼，他什麼都不喜歡，卻也什麼都不討厭，什麼都沒有意見，於是，我們讓他跟著朋友的小孩一起送去學音樂、學畫畫、學書法，看他學得很快樂，這樣也就夠了，從來我們也不要求他參加比賽要得獎，或者非要拿什麼成果回來，只希望他認真的學習，並且讓他知道，這是父母親用心而且花了錢的，不要當作理所當然，更不要用一種隨便的態度面對。

看他每次拿回來的作品，我們總可以討論得很開心，唯一美中

• 審慎的評估、篩選補習班，不要讓孩子壞了學習的胃口！（嫵馨/提供）

不足的是，他很內向害羞，總不願意在我們面前表演小提琴。後來，兒子主動跟我說，他不想學書法，雖然他寫的硬筆字經過了一、兩年仍沒有多少進步，但是我們依舊尊重他的想法，就此停了書法課。接著，上了國中，因為空閒時間減少，才藝班也就都告一段落，這時候他的同學紛紛開始補習課業，兒子的成績普通，卻沒有意願要去補習班，他認為自己念得來這樣就可以了。等到考完高中的暑假，距離學校開學還早，他卻開口要去先修數學，於是我們仍然尊重他的想法，讓他拿了補習費去報名，最後，補了三年數學，考大學的成績也只有數學很亮眼，其他的科目仍舊普普通通，但是結果還算是令人滿意了。

在這為期十來年的中小學生活，兒子對於補習班的態度很開放，也不盲從，他願意去嘗試接觸各種不同領域的才藝，真的不喜歡，也能勇於跟我們討論。在課業上，他不因為同學們都在補習就傻呼呼的跟著去，也許是從小他就能衡量自己的能力，應付得來，那就靠自己念，到了比較困難的階段，也不會排斥補習班的文化，適時加強自己想要加強的科目。

盲目的要孩子補習，往往花了錢又花時間還沒效果。

對於補習班，身為父母的也要有這樣的觀念。常常聽人說，孩子不能輸在起跑點，可是大量的補課業、補才藝，對於孩子到底是加快前進速度的助力，或者只是增添壓力的負重沙包呢？很多家長認為學習才藝對將來考試有加分的效果，可以提升推薦甄試或是申請入學的錄取率，才藝學習不再只是為了培養孩子的興趣而已，所以，有趣的才藝課程也變成一種令人討厭的補習時間，不能自由自在的揮灑，而要拿出成果，提出表現，才能滿足父母的「教育投資」心態。接著，對於學校課業應付不來的孩子，多半又被送去需要花更多時間應付的補習班，學科不好，往往是因為基礎出了問題，只是送去補習班接受填鴨式的教育，功課增加了，作業增加了，考試的分數或許也增加了，但孩子腦袋裡的對這門學科觀念卻不見得有所進步。

家長對於孩子的用心，是要調整力度的。孩子年紀還小，可以幫他作主，讓他在還懵懂無知的時候，不至於錯過太多。隨著孩子年紀的增長，補習不能強迫，應該跟他討論，陪著他選擇。如此，除了能夠補足弱點，增強興趣之外，也讓孩子知道，要為自己的將來做打算。等到孩子到了高中，要放手讓他自己盤算，只要給點意見參考就好。太多現代的父母，一心為了孩子好，叫孩子學這個補那個，安排課外學習，指導課內作業，最後孩子討厭補習班，疲憊奔波於學校和補習班之間，身上背負的學業壓力，除了學校之外還有補習班的額外功課，這樣子還能喜歡學習的孩子，會有幾個？等到再大一些，父母親不方便作決定的時候，孩子不知道怎樣面對自己的未來，這樣看似用心栽培，卻是從小一路補到大的孩子，能在社會上好好生存嗎？

真正的愛孩子，要瞭解孩子，認清人生不是只有讀書這條路，有好的態度，找到自己的興趣，就會有能力在社會上立足。

在亞洲人的社會裡頭，學歷是一個非常重要的認證，我們的社會一直保有萬般皆下品唯有讀書高的舊觀念，也因此才會有這麼豐沛的補習文化產生。可是仔細想一想，每個人讀書的能力畢竟各有不同，也各自有極限，再怎麼樣補習，不可能人人都變成高材生。真正的愛孩子，要瞭解孩子，認清人生不是只有讀書這條路，有好的態度，找到自己的興趣，就會有能力在社會上立足。

身為父母的，與其逼著孩子在強烈的讀書競爭中，拼得精疲力竭，最後還可能落在一個不理想的學校，倒不如培養孩子的能力與興趣，才會在社會中有競爭力。學科成績不好沒有關係，藉著補習班，適度加強就好，找到自己想做的事情，認真的去學習，去努力，才能過得更快樂，過得更充實，過得更豐富。補習不是一件壞事，運用得宜，或許能發掘孩子的興趣，但補習絕不能變成一種盲從，變成一種不得不參與的活動。花錢事小，讓孩子陷在痛苦之中，是最悲慘的事。

• 孩子的學習，是為了長遠的人生儲備能量，絕對不是只為了眼前的升學而已。（嫵馨/提供）

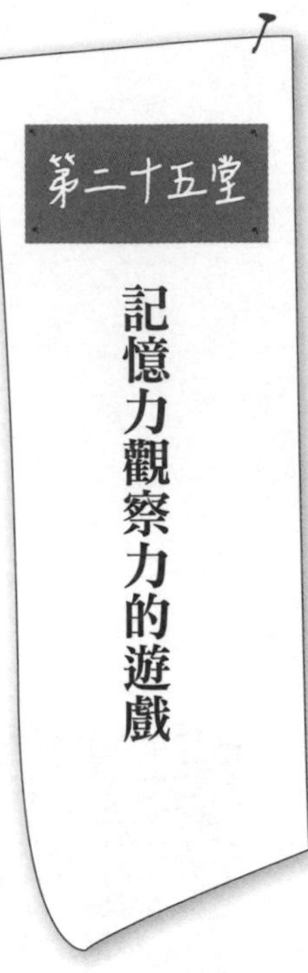

記憶力觀察力的遊戲

在生活中訓練記憶、觀察和判斷力。有小處著手將可以累積出意外的收穫！

在生活中訓練記憶、觀察和判斷力

在日常生活之中，我們可以透過許多方式來建立孩子的習慣，培養孩子的能力。除了語文和數理方面，其實記憶、觀察、判斷力也是十分重要，而且可以在有趣的遊戲裡來訓練加強。

◎記憶力的遊戲

因為好的記憶力或習慣，得到大人的稱讚和考試高分的肯定，會讓孩子更喜歡背誦與記憶

記憶力不用多做解釋，有些孩子忘東忘西、丟三落四，遇到該要背誦練習的科目資料，他因為吃力而討厭這些學科，反而誤了自己，害了自己。如果他喜歡記憶背誦，那就正好相反了。學習有效果，就更有興趣與自信了。

• 蓋牌的遊戲，可以幫助孩子訓練記憶力。（大大爸爸/提供）

從小教他念兒歌、背唐詩。讓他琅琅上口，像個小詩人，得到大家的鼓勵。

要孩子記憶住家的地址、電話號碼、家人姓名，更進一步擴充到家族成員的名字，教他、考他、鼓勵他，讓他能不假思索的說出來。

拿幾樣小東西，讓孩子看清楚之後，一一用碗蓋上，然後要他一樣一樣的說出，碗裡所覆蓋的物品是什麼？隨著年齡的增長，可以增加物品的種類，增加難度，或者使用象棋、撲克牌，一次幾張，看完之後，蓋上後，要孩子憑記憶一一說出所覆蓋的牌，當然可以增加牌的張數，更可以家人一起比賽，讓活動更有趣。

因為好的記憶力或者好的記憶習慣而得到獎勵，包括大人的稱讚和孩子自己的成就感，會讓孩子更喜歡背誦與記憶，如此我們便建立了孩子良好的學習基礎。

◎觀察力的遊戲

觀察力的強弱，不只是關係到學習，甚至是將來成敗的關鍵，現在有許多孩子因為全神貫注在課本，而忽略了生活周遭的事物，連察言觀色都不會。

從孩子幼年時，就要孩子善用他的感覺器官，包括眼睛、鼻子、耳朵和皮膚等去感覺周圍的環境，缺乏觀察力而走馬看花的人，常常入寶山空手而回，失去了許多機會，當然學習效果也比較差。

讓孩子比較糖和鹽有什麼不同，塑膠和玻璃有些什麼不一樣，就地取材，家裡有許多東西，就是教導孩子最好用的教具。

帶孩子看螞蟻搬餅乾屑，看噴水池的水霧形成彩虹，看一棵樹四季的變化。親子一邊欣賞美好，一邊觀察事物。

摸一摸各種布料不同的感覺；掂一掂石頭和木頭的輕重；搖一搖汽水和果汁產生什麼變化；捏一捏生的花生和熟的花生有什麼不同。生活中可以帶著孩子一起參與做家事，而且也讓他們觀察到更多事物的特性。

帶孩子坐蹺蹺板，前後移動位置，問孩子有什麼不同；教孩子騎腳踏車，換檔變速，讓孩子發現齒輪之間的關係，拿著磁鐵到處吸，什麼能吸，什麼不能吸，讓孩子不必等老師上自然課才學，自己在生活中已經做了許多實驗。

觀察力的強弱，不只是關係到學習，甚至是將來在社會上工作都是成敗的關鍵，現在有許多孩子因為父母的要求，全神貫注在課本，而忽略了生活周遭的事物，一方面忽略了去欣賞美麗的世界，另

• 帶孩子坐翹翹板，可以趁機讓他瞭解並發現相關知識。（弘毅媽媽/提供）

一方面也由於觀察力的遲鈍，連察言觀色都不會，當然，人際關係也很容易因此而失敗。

◎判斷力的遊戲

判斷情況再下決定，是一個領導者最重要的能力，因此，培養判斷力，也就是在培養領袖的特質。

判斷力的培養在於各種經驗的累積，根據合理的邏輯去下判斷，正確還是錯誤，主要的關鍵在於孩子日常生活當中有多少常識與知識，能夠提供他歸納出一個結論，這部分，父母親會比老師更方便去教導，去瞭解孩子的能力所在。根據情況判斷而下決

• 利用家中隨手可得的物品，幫助孩子訓練判斷力。（皓展媽媽/提供）

定，是一個領導者最重要的能力，因此，培養判斷力，也可以說是在培養領袖的特質。

準備一些會發出聲音的家中器具，例如：碗、湯匙、牛奶罐、鈴鐺、塑膠桶……等，要孩子閉上眼睛，根據父母敲打發出的聲音，說出是什麼物品。

知道磁鐵能吸鐵的特性後，說出客廳裡的哪些物品是磁鐵可以吸附的，一一說出，然後可以移動到家中各處，繼續遊戲。

玩數列的遊戲，讓孩子填出空格中的數字，例如：1、2、3、□、5、6、□、8，或是5、10、15、□、25、□、35，看年齡大小，出不同難度的題目。

報章雜誌上的填字遊戲，根據提示完成題目，親子一起解題，也是瞭解孩子能力的好機會。

根據搖晃的感覺，判斷不透明瓶中的水量是多是少；根據敲打瓶身發出的聲音高低，判斷水量的多少，都是有趣的遊戲。

如果三種顏色的球，按照紅、黃、綠的順序規律排列，那第十個是什麼顏色？這一類的數學題目，也是非常實際的邏輯判斷測驗。

父母親是自己孩子的第一個老師，也是孩子一輩子的老師，我們比學校的老師更加瞭解孩子，更加方便教導孩子，因為他們一個班上有卅多人，我們卻是一對一的教學，只要有心，方法並不困難，只要有心，親子關係會因此更親近、更瞭解，

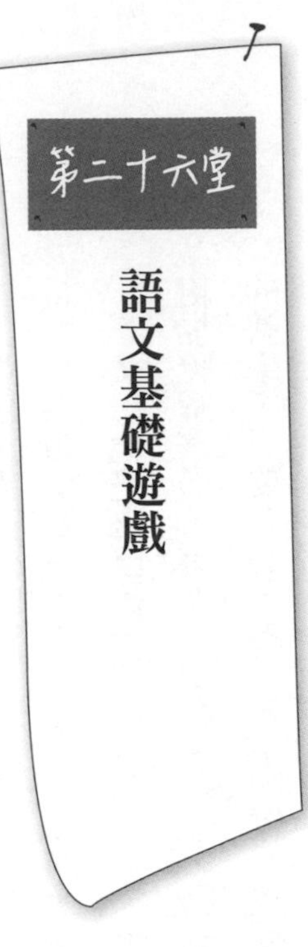

語文是所有學習的基礎，也各種學習的工具。

◎認字遊戲

認識字是個關鍵，而能夠及早閱讀，更代表孩子自學能力已經有了很好的開始。教孩子認字並不困難，父母親自己就是最好的老師。

有一個朋友，他非常認真，在家裡的傢俱用品上，一個個貼上名稱，給孩子一個特別的學習環境，也就是說，冰箱上貼著「冰箱」兩個字，電視上就貼著「電視」兩個字，雖然那樣的客廳看起來不大美觀，甚至有點奇怪，但是他們兩夫妻，認為這是很重要的事，所以不在乎別人的想法，更不在乎是否好不好看，當然他的效果可能是很好的，不過我可沒建議大家一定要這麼做。

其實，認字的方法很多，市面上也買得到一些圖片，印刷精美，旁邊還有文字，可以教導孩子認字，只是父母親花了多少時間去引起孩子的興趣，而這是一個長時間的付出，不是心血來潮偶爾為之的事情，必須持續的、有耐心的，常常陪孩子做這樣子的遊戲。

媒體曾經報導過一對泥水匠的孩子，因為父母平常都忙著工作，所以把孩子交給奶奶教養，奶奶並不認識字，而這孩子卻還沒入學讀書，就可以閱讀報紙，左右鄰居都以為他是個神童，最後經過專家鑑定，發現他並沒有特別聰明，只是因為看電視的緣故，他竟然就學會了許多的字。這證明一件事，任何一般的孩子，都可以

• 滿街林立的招牌，是孩子學習認字的好幫手。（嬿馨/提供）

在幼兒階段，就開始學認字，而這對他們來說是種遊戲也是一種學習，可以說是率先起跑，贏在起跑點上。

在我們生活周遭處處都是文字，春聯、招牌、門牌、日曆、包裝盒、廣告紙，無一不是方便的教材，尤其是電視節目名稱、連續劇名，恐怕父母還沒教，孩子早就學會了，所以說識字可以是很生活的。運用在於父母心思是不是夠細，讓孩子學得有成就感。

◎詞的遊戲

字是基礎，字組成詞，就有更多的意思，也更有變化。詞彙的豐富會讓一個人有很好的表達能力，無論說或是寫，都是如此。我們可以透過生活當中，以遊戲的方式，讓孩子不知不覺中增加許多的語彙。

隨著孩子的年齡成長，我們開始可以玩更進一步的遊戲，幾乎不受時間、地點的限制，在車上的時候，在牽著手走路的時候，在草地坐著的時候，在速食店吃漢堡的時候，我們玩造詞的遊戲，可以兩人玩，也可以三個人玩，可以是比賽，也可以是引導，因為這樣的緣故，所以小孩子的詞彙越來越豐富。一個字來造很多詞，是一種方式，造詞接龍是另外一種有趣的方式，幼稚園和國小低年級的小朋友，很喜歡這樣子的遊戲。

「車輪」、「卡車」、「火車」、「汽車」、「車燈」、「上車」、「下車」……。讓孩子了解更多的東西，所以我們一邊造詞，一個字造很多的詞，一方面是造詞，一方面是一邊解釋，一邊討論，在這樣的過程中，孩子所學習的已經不只是語文方面的東西。所以出題目是很重要的，年紀小的孩子，以名詞來造詞是比較容易的，也比較能夠擴展他的學習。

「車輪」、「輪船」、「船長」、「長大」、「大頭」、「頭皮」、「皮包」……。造詞接龍是很好玩的遊戲，詞頭與詞尾相連，有一些難度，但是也因為有挑戰性而更好玩，因為小孩子的詞彙有限，所以我們也接受用同音字來往下接詞，造出來的詞如果別人不懂，造詞者要說明，這樣子可以學到更多的東西。

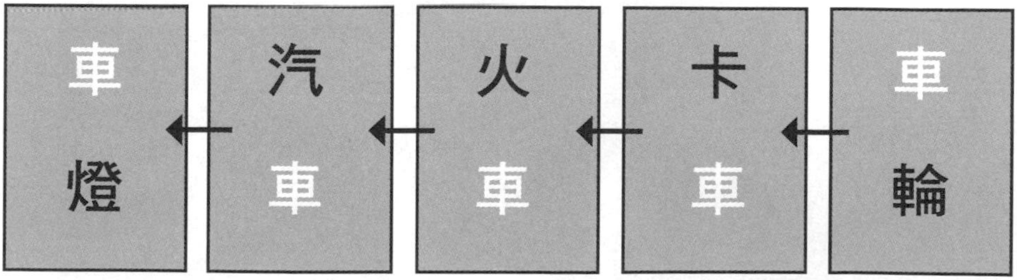

車輪 ← 卡車 ← 火車 ← 汽車 ← 車燈

總是有人懷疑，哪有那麼多閒時間來陪孩子做這些遊戲。

想想下面的畫面：一家人在車上，爸爸當司機，全家人都在睡覺，爸爸一個人努力開著車在高速公路上，長時間又無趣的旅程，司機還必須努力的提振自己的精神以免打瞌睡。

另一個畫面，是全家人一起玩著造詞、接龍的遊戲，興高采烈其樂融融，這一趟旅程下來，親子關係更好了，孩子也不知不覺的又學了很多東西，這樣的學習一點壓力都沒有，長途的旅程變得多采多姿，何樂不為？

如果，假日一家人興沖沖的準備好了一切，想到名勝古蹟、

• 愛聽、愛看、愛說故事的孩子，成長的路上不會孤單。（皓予&皓展媽媽/提供）

遊樂場所好好的渡個歡樂假期，沒想到，車子卻大排長龍，塞在車陣裡動彈不得，進也不是，退也不行，一肚子懊惱。這時候，如果善用時間，就在車上玩起語文遊戲，既不需道具，也不用更大的空間，一家人從造詞、接龍、相反詞……，你自己也可以想一些花樣，來改變塞車的無聊和懊惱，豈不是一舉兩得？所以時間是自己找出來的，沒有時間只是不會運用時間的同義詞。

◎說故事接龍

故事是孩子成長過程中很重要的營養素，趣味、感人、創意、想像，沒有小孩不愛聽故事、看故事。但是要進一步提昇孩子的表達能力，訓練孩子的組織能力，刺激孩子的想像力，那要孩子開口說故事。開始有點難，不過孩子會很喜歡的。

小孩子最喜歡聽故事，總是常常纏著大人，要父母親說故事給他們聽，單純的聽故事，對孩子來說也是一種學習，但是隨著孩子年齡的成長，我們希望孩子除了聽也能說，也就是說希望孩子能有足夠的表達能力。

從孩子讀幼稚園開始，就常常聽到他們說，學校裡的老師說故事給他們聽，故事好好聽，但是你的孩子有沒有能力，能夠把老師講的故事，轉述給你們聽，如果故事是完整的，那表示你的孩子記憶力好，組織力好，語言表達的能力也夠好，如果不是這樣子，他總是說不清楚，那表示他需要好好的練習來加強這方面的能力。

因此，聽孩子說故事，或者和孩子一起說故事，是一件很重要的事情，如果你的孩子基本能力不差了，那我建議你們可以玩說故事接龍的遊戲，那不只是語言的表達，而且還可以了解你孩子的想像力和他內心裡到底在想些什麼，甚至了解他的興趣，他的夢想。

故事接龍很簡單，從起頭的人開始，每一個人講一小段，規則是不能讓主角死亡，天南地北自由想像，可以很輕鬆的、很自在的，發揮自己的創意，時間長短不拘，講不完也可以下一次繼續接，因為父母親本身也是一個遊戲者，可以快樂的享受遊戲，也可以好好運用自己的經驗，讓孩子在故事中也得到額外的收穫。

在許多電視綜藝節目裡，也有著語文遊戲的單元，如果全家一起觀賞節目，一起參與語文遊戲，也是蠻不錯的家庭休閒。

最好的教導是學習者享受著樂趣，而且是不知不覺的獲得了成果，而良好的親子關係也是同樣的道理，當施教者和受教者不是對立的，而是玩在一起的，彼此的壓力都消除了，當然氣氛就更好了。

◎扮演老師

讓一個學習者改變角色成為教導者，是一種有趣的方法。他必須要思考如何教人，而不是等待著人家來教他，這個轉變會讓孩子更願意用腦筋去想，也更熟練教材的內容。

想讓孩子學業進步，關鍵在於孩子是如何接受上課的內容，若是在課堂上沒有專心的學習，當然成績一定是不理想的，因此讓孩子演老師，讓他說出當天學習的內容、老師教導的重點，或者是完整的描述老師所說的故事，這樣的作法，一方面可以訓練孩子說話的能力，另外一方面也等於是提醒孩子專心學習。

扮演老師的遊戲很有趣，家長就扮演學生，甚至可以發問讓老師來回答，在孩子的年齡上來說，模仿就是一種學習，尤其扮演老師的角色更是有趣的事情，家長如果懂得怎麼當學生，更能激發出孩子的能力，這樣了的作法是一舉數得，你不妨試試看。

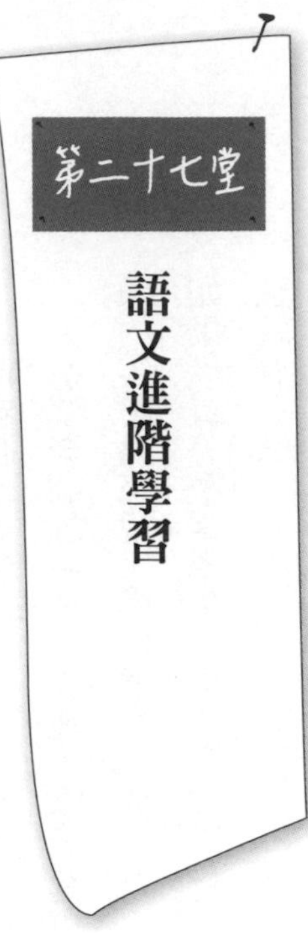

有了基礎的語文能力，在進階的就是讓孩子在生活中將這些能力發揮、應用。你能想像嘛？其實透過一些生活小動作，例如打電話、說故事、文章剪貼等就能達到意想不到的效果喔！

想跟幼小的孩子聊天，常常讓人不知從哪裡說起，那麼透過打電話的遊戲，可以輕易的和孩子對話，可以扮演不同的角色，可以天南地北的聊，不但有趣而且可以加入許多想教導孩子的材料。

◎打電話

在這些對話中，你會聽到孩子的想法、興趣，甚至他的期望，你可以藉此更了解自己的孩子。

如果孩子的年紀還幼小，我們可以跟孩子玩打電話的遊戲，假裝在通電話，假裝不同的身份和角色，你一句我一句，在這些對話中，你會聽到孩子的想法、興趣，甚至他的期望，孩子在這樣的遊戲中是非常快樂的，不但拉近了親子之間的距離，更重要的是，你可以藉此更了解自己的孩子。

如果有玩具電話，遊戲當然有趣好玩，如果沒有，大哥大不開機，也可以當道具，甚至只用手比個講電話的姿勢，嘴巴仿照電話的鈴聲，也就可以跟孩子隨時隨地玩了起來，這時候教孩子講電話的禮節，和孩子聊天南地北，甚至告訴他大人工作的辛勞，都可以在遊戲中自然而然的就達到了「寓教於樂」。

• 跟孩子玩打電話的遊戲，可以拉近親子距離並增進瞭解。（弘毅媽媽/提供）

◎口說作文

大多數的人都以為作文是普通人沒辦法做好的事，當父母是這樣想的，那孩子當然也把作文當作一件艱難的事。

作文讓許多孩子害怕又排斥，大人自己也有著不好的經驗，父母因此困擾著要如何讓孩子喜歡作文，會寫作文。但是作文其實並沒有那麼難，在孩子還弄不清楚什麼是作文，就可以開始練習了。

常常有人問我，要怎麼教小朋友寫作文，因為三年級學校裡開始上作文課，老師要求學生寫作文，小朋友總是非常的痛苦無助，於是向父母求救，結果變成了爸媽唸一句，孩子寫一句，爸媽停下來，孩子就停下來，整篇作文等於孩子在當代書，內容卻是爸媽的作品，這是許多父母的共同經驗。

接下來更慘的是，孩子的作文一直寫不好，甚至害怕作文、討厭、痛恨作文。而作文對於將來的升學考試或生活、交友、工作，都很重要，當孩子放棄了作文，表示剛起跑已經輸了一半。

我的經驗卻是這樣的：在孩子唸幼稚園的時候，帶孩子到風景區去渡假，家人玩得很開心，孩子覺得那兒的風景好美，趁著他感動的時候，我問他哪裡美？什麼東西美？為什麼讓你那麼喜歡？你還想再來嗎？一連串的問題引導他講了許多的話，回家之後，我把它整理紀錄成一篇日記，然後唸給孩子聽，他聽了好高興，我告訴他這是你的日記，以後你有什麼特別的事情，都可以說給爸爸聽，讓爸爸幫你記下來，所以一次又一次的機會，我們完成了一篇又一篇的小文章，其實每篇也只有五、六句話，在這個過程中，由我當代書，孩子用口述寫他的作品。

當孩子長大一些，他自己會寫字了，就自己寫他的日記，寫他的感想，不用我再代勞，當然，作文對他來說，是很好玩的，很簡單的，所以，他當然喜歡寫作文，甚至投稿或者是給同學寫信，他都覺得是有趣的事，樂此不疲。

實際上，我沒有教他怎麼寫作文，我只是引導他，讓他喜歡這件事情，從有條理的說一件事情，到有條理的寫一篇文章，其實真的沒有那麼困難，只是我們太多人都以為作文是一件普通人沒辦法做好的事情，當父母是這樣想的，那孩子當然也把作文當作一件艱難的苦差事。

如果覺得一篇文章不容易完成，那麼我們就跟孩子玩造句的遊戲，造句熟練了，可以更進一步的完成一個小的段落，把這樣的小段落打字或者是書寫在稿紙上，再來跟孩子分享，會讓孩子很有成就感，如果讓他為自己寫的短文畫上插圖，那更能享受寫作的樂趣。父母親可以將這些作品收集裝在資料夾裡，成為一冊書的樣子，這是孩子成長的紀錄，跟相簿一樣值得珍藏。

剛開始這樣的作文是先有文章才訂定題目，長短不拘，完全看孩子的能力，一步一步的來增加內容，因為是口述，所以孩子的壓力是很小的，如果再加以適當的引導，孩子都會侃侃而談，只怕當父母的來不及筆記。

讓不會寫字的孩子就開始寫作文，這不是神話，只要父母有心，就可以達成這樣的「簡單任務」，各位做父母的難道沒有發現，有許多的政治人物和演藝人員，就是以口述的方式出了一大堆書，我們把跟孩子合作寫一本書當作一種親子活動，是遊戲也是學習。

◎布偶角色扮演

在戲劇角色的扮演當中，孩子的口才會越來越好，而且越來越能夠設身處地的替別人著想，也充分的滿足孩子表現的慾望和刺激他想像及創造的能力。

演戲是許多人想做又沒機會作的事，事實上，戲劇本來就是非常豐富又有趣的，我們沒當演員，但是我們仍然可以在生活中享受演戲的樂趣，還可以運用在親子互動中，運用在教與學的過程裡。

隨手拿一條手帕打個結，就可以當作一個簡易的布偶，也就可以說一段口白演一齣戲，這是幫助一個害羞的孩子學習說話的一種好方法，對一個孩子來說，自編、自導、自演是許多能力的綜合表現，如果要讓它成為親子間的遊戲，也是非常簡單的，各自用一條手帕，就扮演起不同的角色，可以對話，可以激發孩子更多的想像和創造力，這樣的戲劇遊戲是非常容易辦到的。

手帕是一種方式，同樣的襪子也可以當道具，如果什麼都沒有，甚至在手指頭上畫臉譜，也可以演起戲

• 利用布偶跟孩子玩角色扮演的遊戲，可以訓練孩子的口語以及創作能力。（弘毅媽媽/提供）

來，當然家裡也許就有些布偶，是孩子心愛的玩具，那就讓它成為孩子的代言人，讓孩子充份的、自由的發揮，你會發現孩子具有無限的潛力，只是我們太少給予他演出的舞臺和機會。

其實戲劇中包含了非常多的教育意義，在這些角色的扮演當中，因為表達，孩子的口才會越來越好，而且越來越能夠設身處地的替別人著想，也充分的滿足孩子表現的慾望和刺激他想像及創造的能力，這一些效果恐怕都被一般的父母忽略了，甚至有時候孩子在玩扮演角色的戲劇遊戲，還會被父母責罵和制止。但是不管孩子將來是不是要走演藝路線，童年時的這些遊戲，事實上對他們來說是一種學習，也是一種成長的過程，聰明的父母何不加入其中和孩子一起同樂呢？

◎剪貼短文

剪貼報章雜誌上精緻感人的短文，如果讓孩子在文章旁邊在寫上閱讀的感想、小語，日積月累下來語文能力會明顯的進步。

報章雜誌看完就丟，有些可惜，因為很多的內容沒有時間性，適合一讀再讀。剪貼是一種不錯的習慣，可以蒐集資料，可以進一步精讀文章內容，也因此可以讓孩子藉由剪貼提升語文能力。

聰明的父母送孩子一本精美的剪貼簿，教他蒐集報章雜誌上精緻感人的短文，培養孩子剪貼的興趣，養成習慣，如果更進一步的能讓孩子在文章旁邊抄錄優美詞句，或寫上一些閱讀的感想、小語，日積月累下來既有閱讀行為又有心得寫作，語文能力會明顯的進步。

如果父母自己也有剪貼簿，自己也做剪貼，不但可以跟孩子交換欣賞，甚至是比賽剪貼的成績，當然會促使孩子更積極、更主動。

將報章雜誌做資源回收是一件好事，但是全家人一起做剪貼更有意義。每個人興趣不同，各剪各的文章，各貼各的圖片，旅遊介紹、科學新知、家事秘訣、小品文章，甚至是漫畫，都可以剪貼成專冊，成為一本一本的書，是生活的資料庫，也是閱讀的好材料。

◎寫卡片

要求孩子在母親節、父親節、父母與家人生日時寫卡片問候，從短短的一句祝賀語，慢慢要求一段話到幾段話，這是語文能力訓練，同時還可以增進家人感情。

卡片小小一張卻代表無限心意，是祝福、是慶賀、是關心、是感恩，是人際關係裡很重要的一環。一年裡有許多重要的日子，需要用到卡片來表達情感，而這正是教導孩子寫作的好機會。短短的三、五句話，訴說自己的內心情意，一次又一次的練習，寫出一次又一次的感動。千萬不要小看卡片的作用。

為了讓孩子平常就有寫作的機會和養成寫作的習慣，利用各種節日、紀念日或者是家人、朋友的生日，寫卡片問候是一種順勢而為的機會教育，在孩子生日時，不要只送孩子禮物，給他一封父母親筆書寫的卡片，是祝賀、是關心，也是良好的互動。

相同的，要求孩子在母親節、父親節、父母與家人生日時互相寫卡片問候，從短短的一句祝賀語，慢慢要求一段話到幾段話，這也是在生活中的語文能力訓練，既可增進家人感情，或者建立和朋友之間的人際關係，也同時讓寫作成為一件更平常、更容易的事情。

從寫卡片到自己親手製作卡片，是孩子美勞能力和語文能力的綜合表現，是情感的表達也是人際關係的拓展。一張精美的卡片裡蘊藏著孩子多少的用心，想想，當你的孩子在父親節、母親節時，送給你一張他寫了許多貼心話語的卡片，你怎能不感動？

就讓媽媽教導孩子感謝爸爸，而爸爸教導孩子感謝媽媽，一年裡有許多節日，都是表達感謝的好機會，也就是孩子學習的好機會。

• 小小的卡片代表無限心意，也是孩子練習文字表達的好機會。（孫美玲老師/提供）

◎查字典

將查字典成為一種遊戲或者比賽，出題目讓孩子查字典，父母親擔任裁判也擔任頒獎者，讓孩子有目標去突破，就像過關斬將。

我們都知道字典是個啞吧老師，值得孩子好好的親近。教孩子查字典，而且要養成習慣，更要將字典放在書桌上，方便隨時取用。這是一種重要的好習慣，讓孩子自動自發不偷懶不依賴，學習更有效果。

孩子常常會詢問字的讀法或寫法這些簡單的問題，這時家長所採取的態度就顯得非常重要，如果家長立刻回答，孩子越發貪圖方便。而這樣有問題就問、隨手就寫，孩子並沒有用心，印象一定不深刻，下次再遇到同樣的字，仍然覺得生疏。

因此，要求孩子自行解決問題，去查字典，是一種很重要的行為，而且要培養成習慣，一方面自己查字典得到的答案牢牢印在腦海，不容易忘記，學習的效果比較好，另外一方面，父母不見得隨時在身旁，而字典卻是一個最親近、最方便的老師。

但是孩子會想偷懶，問父母比起查字典要輕鬆方便多了，哪還願意自己花時間力氣呢？身為父母親的我們只要動點頭腦將查字典成為一種遊戲或者比賽，這個難題就解決了。出題目讓孩子查字典，在時間內完成就頒給獎品，或者是查閱的速度越來越快、越有進步就獎勵他，父母親擔任裁判也擔任頒獎者，讓孩子有目標去突破，就像過關斬將一樣，既有趣又培養了他的能力。

養成孩子查字典的習慣，他一生都受益。聰明的父母要當孩子的老師，不要當孩子的字典。

◎寫經過書

孩子犯錯時，要求他寫「經過書」，不但可以讓大人的情緒平靜，也可以讓孩子冷靜，還能夠藉由書寫，訓練孩子描述事情經過的能力。

孩子成長中難免犯錯，父母要如何降低自己的怒氣，或者說要如何冷靜理性的來處理問題，那讓孩子先寫「經過書」是一種很好的辦法。經過情形的描述就等於是一篇記敘文，能夠將事情有條理的寫清楚，這無疑的是一種能力，也是處理孩子犯錯的另一種收穫。

成長中的孩子難免犯錯，父母因此而大發雷霆，那就太辛苦了。不管不教是不負責任，也會造成孩子是非不分，但是要處理的好，一定要心平氣和，只是多數忙碌中的父母，實在很難有時間處理，所以常常速戰速決，又打又罵，只想快刀斬亂麻，結果孩子不僅沒受到正確的教導，反而還覺得委屈。

為了避免狀況不清楚就處理事情，在孩子犯錯時，要求他寫「經過書」，這一段時間，不但可以讓大人的情緒平靜，也可以讓孩子冷靜下來，同時還能夠藉由書寫，訓練孩子描述事情經過的能力。

尤其是在孩子發生爭吵時，他們各執一詞，各說各話，聽他們又叫又哭，互相指責，就夠大人心煩的，如果我們情緒化的立即處理，很可能兩個孩子都覺得委屈，讓他們各自去寫經過書，冷靜下來之後，父母再來處理，往往大家都能夠心平氣和，糾紛也就化消了一半，大人講道理，孩子也比較能接受。

然後，將孩子寫的經過書留存下來，如果以後再犯同樣的錯誤，就可以依據經過書的內容提醒，讓孩子知道自己一錯再錯非常的不應該，是要自我檢討改進的，而這些犯錯的紀錄，其實長大之後也會成為有趣的回憶，成為親子之間的快樂話題。

經過書

主旨：王小明的牙齒斷了

經過：

今天第一節下課的時候，我跟王小明還有其他同學一起到操場打躲避球，我們今天打得很猛，大家你來我往的廝殺了好幾回都分不出勝負！所以我們決定掃地時間的時候大家掃快一點，再到操場一決勝負！

所以一到掃地時間，我們就很快的跑去外掃區打掃，但是王小明不知道為什麼故意要一直跑在我前面，我跟他說：「老師說不能再走廊上跑步！」但是他不理我，還說我是因為怕跑輸他所以不敢跟他比賽！聽到他這樣講，我很不服氣，所以就決定要跟他拼了，但是他突然煞車害我來不及撞上他，並且害他牙齒撞到樓梯的扶手，結果他的牙齒就斷掉並且流血了！但是我真的不是故意的，希望他可以快點好！

陳小彰　筆

十一月十一日

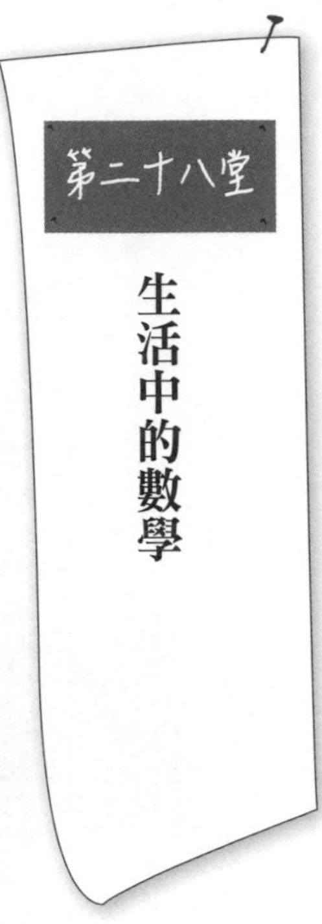

生活中的數學

數學對學習以及生活來說，都是很重要的一個概念與學習科目，能夠將它落實到生活當中，讓孩子自然而然的習慣數字，並且懂得利用，遠比不斷的反覆計算跟背誦要來得有效多呢！

所有的父母都認為數學是很重要的科目，但是我們如何培養孩子對數學的興趣和概念呢？其實透過一些日常生活中的遊戲，就可以讓年幼的孩子，及早接觸數學，並且有效的建立邏輯。

◎認識數字

「數」對於幼小的孩子其實是很抽象的，不容易理解的。因此如何讓孩子在生活中，及早的、有效的認識「數」，是非常重要的。這會影響到孩子將來在學習數理方面的發展，我們用生活中具體的事物，來建立孩子對於「數」的概念，有趣又有效。

我們作父母的帶孩子，在日常生活中就讓幼兒去接近數字，認識數字，所以，「電話機」跟「時鐘」是最方便的教具，讓小孩手指著數字，嘴裡唸，很快地就能熟識阿拉伯數字這些抽象符號，而「日曆」也是很好用的材料，帶著孩子一頁一頁翻著唸著，效果很直接有效。

除了在家中可以認識數字，出門時也可以和孩子在一面逛街，一路數著門牌號碼，門牌是單雙數分兩旁，因此，變成了兩個一數的等差數列，無形之中又讓孩子建立了另一種數的邏輯概念。

走階梯時，孩子累了不走，可以用數數兒的方式，一階一階地走上去，有趣又忘了累，腳勁也鍛鍊得很強健呢。坐電梯時，隨著數字燈亮數數，是一種遊戲，

• **利用月曆，讓孩子認識數字，簡單又方便！**（弘毅媽媽/提供）

也是數數兒練習。

每一個孩子都可以在很幼小時，就熟練數數兒，重點在有沒有人教，有沒有人陪。手指頭是最方便的數數工具。教孩子由數手指頭開始，到猜拳遊戲，還有兩人划拳猜出手指的總和，是最簡單也是最方便的遊戲方式。父母可以和孩子玩，也可以兩個小孩玩，大人當裁判。別小看這遊戲，它不必準備器材工具，不受時間地點的限制，隨時隨地可以進行。可以非常有效地讓幼小的孩子熟練簡單的加法。

◎心算車牌號碼

作父母的希望孩子數學好，常常送小孩子去心算班學心算，希望他們算的又快又好。但是學習不一定要用金錢去堆砌，我們自己也可以在生活裡用點方法，讓孩子喜歡心算，還常常練習。

無論是上街購物，還是出門旅

隨處可見的車牌號碼，也是訓練心算能力的幫手。（嫵馨/提供）

行，如果車上的孩子吵吵鬧鬧，真是讓開車的父母心煩，這時讓孩子有事做，可以在車上玩算術的遊戲。

比賽加總前面那輛車的車牌號碼的總和，是很有趣的遊戲，如果孩子小，可以只加總最後兩碼數字。如果孩子大些，可以加全部數字的總和，父母當裁判，每當超車或被超車之後，就會有新的題目出現，自然而然就可以一路不斷地開心的遊戲比賽。

如此一來，孩子專注不吵鬧，而一段旅途中，孩子不知不覺地已經做了許多心算題目，長時間下來，計算能力當然熟練而準確。

◎撲克牌遊戲

有人拿撲克牌賭博；有人用撲克牌變魔術，牌本身沒有想法，我們有想法。所以撲克牌是玩具，也是很好的數學教具。它既可以是家人之間聯誼的娛樂，也可以用來教導孩子數學和邏輯，真是一舉數得。

五十二張撲克牌是由四種花色，一到十三的組合，可以玩的遊戲非常的多，是很好的娛樂器材，而且體積小攜帶方便。

我們可以使用撲克牌讓幼小的孩子學習分類，依照花色或數字，分成四堆或十三堆。也可以排序接龍由一排到十，建立他們數的概念，更可以兩人玩比大小的遊戲，讓孩子在玩耍之中，更清楚數字與數字之間的關係。

兩個孩子一人一疊牌，幼小的孩兒出牌玩比大小，大一點的孩子出牌比加法，看誰會先正確答出兩張牌的總和，就可以沒收對方的牌，最後總結誰的牌多，誰就是勝利者。

另外，「撿紅點」、「二十一點」、「十點半」，都是低年級小朋友年齡適合的遊戲，都能夠有效增強他們的數學概念和心算能力。

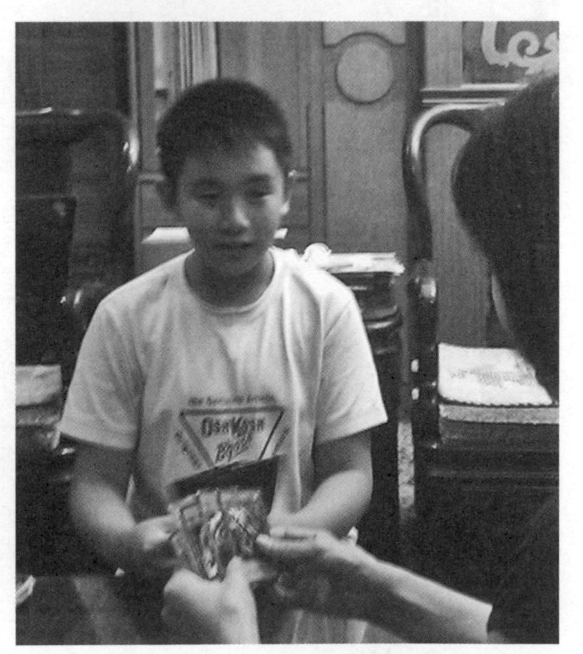

• 利用撲克牌可以進行很多遊戲，建立孩子「數字」的概念。（大大爸爸/提供）

而「拱豬」、「百分」、「橋牌」，適合高年級的小朋友，運用頭腦，建立邏輯和遊戲技巧，既有趣又有效，是一舉兩得的家人聯誼活動。

◎買單結帳

我們生活中和數字最相關的就是錢，讓孩子認識錢的功能，也就是基本的理財觀念，從買東西結帳開始。把算術用在生活裡，是很自然的事，聰明的父母懂得運用機會讓孩子聰明。

我們日常生活之中常有許多消費行為，一般家庭裡

• 讓孩子試著去結帳，可以訓練他的算數能力以及獨立個性。（大大爸爸/提供）

大人是主角，孩子總站在一旁。其實，這些和數字有關的活動，都可以成為教導孩子的機會。

和孩子去賣場購物或是餐館用餐，可以考驗孩子計算物品的總價或者用餐的金額，然後大人陪在一旁，由孩子去買單結帳，一方面是數學練習，一方面是膽量練習，同時也讓孩子建立金錢消費的概念，對於成長之後的理財也會有所幫助。

在教養中和孩子一起幸福

幸福

你看過幸福嘛？

幸福的樣子是什麼？味道是怎樣呢？

一個家庭最幸福的一刻就是家人可以聚首在一起！

現代人的生活忙碌，無論大人小孩似乎都是這樣！爸爸媽媽為了生活忙碌，小朋友們則為了升學忙碌，但是如果連家人相聚的時間以及溝通的機會都沒有了，這樣忙碌的生活還剩下些什麼呢？

懂得在忙裡偷閒，並且妥善的安排家庭生活，不錯過孩子成長的每一個精采鏡頭，讓這些相處的點滴成為往後美好的回憶，這，或許才是最真實且恆久的幸福！

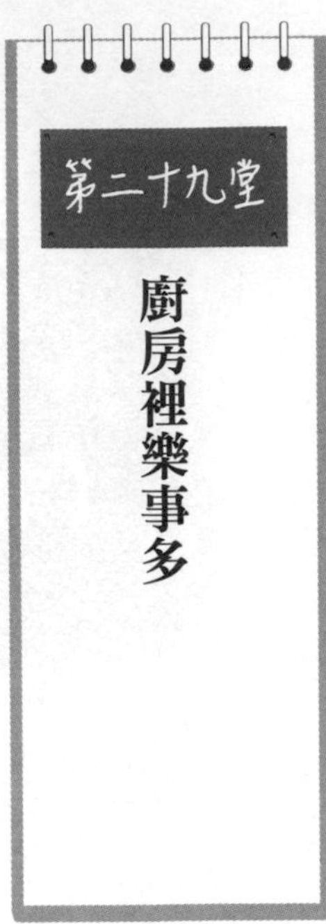

廚房裡樂事多

父母親可以多一些聆聽，不要動不動就有意見和指導才會進一步瞭解孩子的生活學習和想法。

一個禮拜日的中午，全家人約定好要來個不一樣的午餐，於是，所有人摩拳擦掌，個個準備大顯身手。孩子的媽身為大廚，當然準備的菜色就是難度比較高的，紅燒肉、粉蒸排骨、糖醋魚，每一道菜所散發出來的香味，隨著蒸騰的熱氣，擴散在廚房的每個角落。因為廚房的空間有限，我就在一旁做了涼拌干絲，這可不是隨隨便便的一道菜，不但刀工要細緻，醬料的調配更是美味的關鍵，是一道開胃又爽口的冷盤。

兒子則是準備了香煎皮蛋，這是他去臺南讀大學時才第一次嘗到的菜色，因為印象深刻，而且作法不難，所以想要重現那種美味。女兒雖然還不能燒出一道菜上桌，說到煮飯的專家，卻不得不佩服她，洗完米靜置半小時，放入電鍋時加少許的沙拉油與一片檸檬，等到電鍋跳了之後悶蒸十分鐘，打開來將煮好的飯徹底攪拌過一次，再蓋回鍋蓋悶半小時，她總能在開飯前一小時就做好如此充分的準備，所以每當她有空幫忙煮飯，碗裡的飯香，也能不輸任何一道菜的美味。

終於，一切就緒上桌，每個人不僅各有表現也各有貢獻。平常做菜給大夥兒吃的家庭（煮）婦—媽媽，這回顯得很沒有負擔，臉上充滿笑容，一直保持著輕鬆的心情，這當然是因為分工合作的效率，加上愉快的廚房氣氛使然。大家一邊吃飯，一邊討論著每一道菜色，有說有笑的，幸福的感覺瀰漫在整個飯廳，延續著整個午餐時間。

用完餐後，大家也一起動手收拾，有人收碗筷、有人擦桌

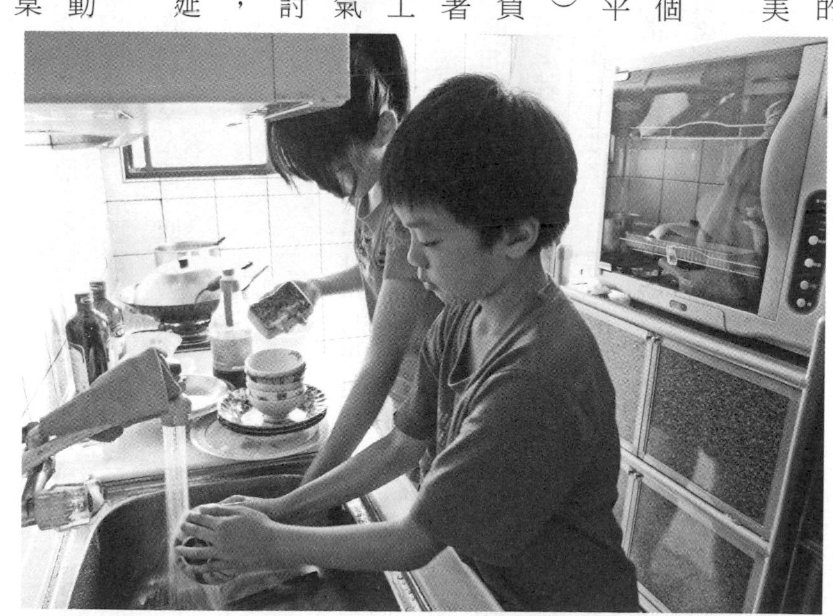

• 讓孩子在廚房一起幫忙，可以學習珍惜食物，也能體會準備餐點的辛勞。（黃登漢校長/提供）

子、有人洗碗盤，人多真的好辦事，三兩下就把一切整理完畢，接著女兒洗切好餐後水果，兒子泡了一壺熱茶，於是，大家轉戰到客廳，在音樂聲中繼續剛才的話題聊著天，渡過了一個美好又悠閒的假日午後。這感覺真棒！誰說假日一定要出門？誰說做家事不是一種休閒活動？其實全家人在一塊兒做飯吃飯，也一樣能夠營造出幸福的滋味。

廚房和飯廳是家庭的心臟，是為全家人充電加油的地方。

生活在臺灣外食豐富又方便，價格上也有許多選擇，讓大家能夠負擔得起，而且很多人嫌做菜累，討厭做菜的油煙，不喜歡廚房的溫度和味道，總覺得做菜既辛苦又麻煩。所以，久而久之，廚房就變成了閒置空間難得進入，如果總是伴隨著這種想法，而很少在家中開伙，那就太可惜了。廚房和飯廳是家庭的心臟，它是為全家人充電加油的地方，充滿親情；它是熱情真心招待好朋友的地方，充滿友誼，食物不只是填飽肚子用的，它表達關心，表現溫暖，外頭的餐廳再昂貴的菜色也無法替代。

可以利用一同在廚房相處的時間多聊聊天，增加親子相處的機會。

廚房的大大小小事務，其實是很好的親子活動，或許沒有辦法讓年紀小的孩子負責做飯菜，但是參與其中的部分工作卻不困難。譬如說，幫忙洗米煮飯，或是洗菜、挑菜，既能協助分擔家務，還可以利用一同在廚房相處的時間多聊聊天，增加親子相處的機會。在分工合作中，讓孩子有參與感，一同完成一頓飯菜，無形中加深了感情的交流，感受彼此都是家庭的一份子。

而小孩在工作之中，也能因此瞭解家事的辛勞，體會父母親為家庭的付出。夫妻之間也會由於這樣的互動增進情感，所以君子遠庖廚的說法恐怕已經不合時宜了。我們藉由廚房工作，帶領著孩子培養他們動手做的經驗與技能，因為不動手的人只會成為一個旁觀者，喪失了做事的能力，也無法享受做事的樂趣，這樣子不是在愛孩子而是害了孩子。

利用機會教導孩子生活的能力，讓他們學習分擔與分享。

現代的父母親有太多人對於孩子過度保護，從小到大不讓他們接觸所謂的家事，總以為書讀好就行了，沒想到孩子將來要面對生活，總有一天，孩子會長大要離開父母，也許是到外地唸書，也許是要自己成家立業，結果，令人意想不到的狀況就會頻頻發生。

竟然有大學生，想要自己煮飯，卻用洗碗精去洗米，因為他對洗的概念就是要加入清潔劑；有新嫁娘試著要炒菜，因為廚房經驗少，動作太慢，油熱了卻還沒準備好，於是先丟蒜頭蓋著鍋蓋爆香，等到準備好了之後，鍋裡卻已經著火，急著滅火的當下，卻是把抹布給丟了進去，結果火花四濺，抹布成了焦炭，狼狽極了；更有人想要自己煮鍋燒麵，把整個鍋子與木架拿去瓦斯爐上加熱，差點釀成火災，這麼做的理由，竟然是因為去外面吃鍋燒麵的時候，餐廳是這樣子端上來的。

就是因為從小沒有接觸廚房裡的事物，在父母的呵護下，茶來伸手，飯來張口，好像很幸福卻是很無能，長大了必須面對了，卻導致這些笑話或是發生驚險的事件。其實，父母親再怎麼樣愛孩子，也不可能保護他們一輩子，有著不得不鬆手的一天，與其讓孩子在未來不知所措，不如利用機會教導他們生活的能力，讓他們學習分擔，學習分享，學習經營家庭生活，讓他們現在享受的幸福能延續到他將來的家庭。

感受到家的和樂，品嚐到食物的美味，更品嚐著幸福的滋味。

另外一方面來說，烏鴉反哺的一刻，是多麼令人感動，還記得兒子小學的時候，搬張小板凳，坐在廚房門口幫忙挑菜，一邊聊著他在學校裡的點點滴滴，那可愛的模樣。現在卻已經能親自下廚，替父母親張羅一桌飯菜，姑且不論美味與否，那種回饋，那種孝順，真的很窩心。這一餐之中，我們看到孩子的成長，看到孩子的勤快，看到孩子的靈巧，感受到家的和樂，品嚐到食物的美味，更品嚐著幸福的滋味。

吃飯是每天都要做的事，有些人有時候反而忽略它的重要性，其實再忙也要找個時間，全家人好好的聚在一起吃一頓飯，邊吃邊聊，這是最容易也是最重要的親子活動。

• 利用聚餐的機會，品嚐美食之餘也聯繫家人的情感。（黃登漢校長/提供）

家庭電影院

利用在家共同欣賞影集或電影，除了可以為孩子把關外，還可以培養感情。

週末下午的陰雨天，對於許多家庭而言，假日難得的出遊機會泡湯了，又是一次的失望，家人可能各自窩回自己的角落，看電視、上網、睡覺，不知不覺錯失另一個親子相處的大好機會。在我們家可就不同了，綿綿的雨絲代表著，今天是家庭電影院營業的日子。爸爸拿著大家討論的清單，負責去影帶出租店租光碟回來，媽媽則是進廚房切水果，泡壺熱茶，兒子女兒各有各的喜好，準備了爆米花、洋芋片跟汽水，不到二十分鐘後，一切準備就緒，家庭劇院就開演。

隨著片頭預告的播出，我們討論著哪些預告的片子或許值得一看，進入正片之後，客廳的聒噪聲也就漸漸降低，偶爾大家會冒出一兩句討論的話題，但又隨即安靜下來。每個人用最自在的姿勢觀看，一邊享用著準備的茶點，若要上洗手間，不必穿過重重人牆與座位，只要按下暫停鍵，也不需擔心花太多時間找廁所而錯過電影情節。電影播放完畢之後，我們並沒有結束活動，開始輕鬆討論著剛剛電影的內容，分享心得，這個陰雨天反而促成了另一種型態的親子聚會。

在家一同觀賞電影，也可以成為家人們很好的消遣與相處機會。

電影是跨世紀的重要娛樂，然而，全家人要一起出門看一場電影卻不是一件容易的事情。必須先穿過假日壅塞的車潮、人潮才能到達電影院，還要配合電影開演的時刻，現場買票怕位置不好，網路訂票又怕遲到以致於訂好的位子被取消，選擇電影也是麻煩，不見得現在上映的片子是適合闔家觀賞的，或者每個人意見紛歧要溝通許久，更不用說散場的時候又得面對一次交通問題。

當然，電影院跟家裡的設備比起來，無論是文藝片或動作片都能藉由聲光效果令人身歷其境，並且能欣賞到最新最熱門的電影。可是在現代影音科技的便利性之下，在家看電影的效果已經能迎頭趕上電影院了，投影機、家庭劇院音響、藍光播放器等等，使得聲光效果都有長足的進步。若是考慮其他外在因素，譬如：租片子的交通時間與成本遠低於親赴電影院、不必配合沒有彈性的時刻表、不怕花錢買了不好的位置，花兩個小時抬頭看電影，讓脖子酸痛一天、租一片DVD的價格遠低於全家人的電影票支出、可以選擇大家都想要看的電影……等等，家庭電影院的必要性與可行性就相當的提高了。

看完一部電影之後，家人們對於內容或交換觀賞後的心得，或澄清電影中的價值觀，將能使家人更加相互瞭解。

觀賞電影也是讀書會的另一種型態，有些人閱讀完一本書需要相當的時間，讀書會的效果可能因此降低，但是電影是普羅大眾都能接受的娛樂，進入門檻不高。看完一部電影之後，家人們對於內容，或交換觀賞後的心得，或澄清電影中的價值觀，將能使家人更加相互瞭解，在一次一次的彼此激發火花之後，討論的氣氛會越來越熱絡。在我們家的情況，除了上述的討論之外，更喜歡討論電影的邏輯性，畢竟在電影娛樂的當下，很多時候我們只有接收資訊而沒有思考，幾乎多數的電影邏輯性都會為了劇情走向而有些不合理，討論這些不合理的地方，更能刺激大家的思考，甚至會提出天馬行空的想法，想出更合邏輯的劇情發展，這也是一種額外的趣味。

該如何選擇電影，這是一個沒有定論的問題。藝術片跟文藝片會帶來很多情感上的牽引，觸發人感性的一面，動作片與驚悚片強調觀感上的刺激，容易使人投入在劇情的當下，喜劇片輕鬆詼諧，紀錄片令人欽佩。在電影的選擇上，只要能讓家人產生共鳴的就是好的選擇，更何況現在的電影複合化的情況相當普遍，例如：「七夜怪談」不是只有可怕的貞子，母親為了孩子而不畏懼一切，揭開事實真相，就是很感人的一面；「鐵達尼號」敘述男女主角可歌可泣的愛情，但是配角們的演出更發人省思，船長不可一世的態度導致船難，卻也有著與船共生死的偉大精神，弦樂團在逃難的時候，依然演奏著只希望能平靜人心，讓老弱婦孺優先登上救生艇的感人畫面，一再打動人心；「命運好好玩」除了笑鬧之外，也用整部片去觸發我們思考，到底工作與家庭的天秤上，該如何去取捨輕重。所以只要注意電影的分級

• 和孩子一起欣賞影片，不但可以過濾內容，也可以跟孩子做更多的分享。（大大爸爸/提供）

是適合全家人觀賞，有許多值得一看的電影，而隨著孩子的成長，片子的內容也能慢慢增加深度與提升分級。

透過電影我們能夠迅速把生活的體驗加廣加深，藉由現實議題的討論，讓孩子慢慢能夠做一些成熟的思考，幫助他們成長。

或許也可以換一個角度來思考電影的選擇，透過每個人的不同喜好，彼此妥協。當大人陪小孩觀賞他們的電影，更能理解孩子的想法，諸如「獨領風騷」、「歌舞青春」、「辣妹過招」等等，都呈現出青少年在青春期的掙扎、叛逆與熱情：為了社團的付出努力，在學校裡小團體分化的狀況，青澀年齡戀愛遇到的困境。事後討論劇情時孩子更容易產生共鳴，父母親藉此認識年輕人的文化與資訊，也能跟著保有童心和年輕活力。孩子跟著大人觀賞一些討論社會現實面的電影，好比「穿著Prada的惡魔」、「心靈點滴」等等，在輕鬆詼諧的氣氛中，可以經歷為了工作不求手段，或是只在乎制度不在乎人性的社會，讓我們省思自己。每個人的生活廣度與深度本來就有限，透過電影我們就能夠迅速把體驗加廣加深，藉由現實議題的討論，讓孩子慢慢能夠做一些成熟的思考，幫助他們成長，這也是電影的好處之一。

為人父母，不見得每個假日都要帶孩子出門才算休閒，不見得要出遠門才能增廣見聞，想一想，沒有去旅遊或踏青的週末，家人是否就散在各自的空間，專注於各自的活動，那就太可惜了。溝通不一定是言語的直接對話，透過電影內容的間接溝通，常常是和緩的、溫馨的、更有效的，想一想已經有多久全家人沒有一起看部電影了？這個親子活動做起來是多麼簡單卻又常常被忽略了，藉由家庭電影院產生共同經驗、共同話題，讓家人有共同回憶，無形之間，使情感更緊密，何樂而不為？

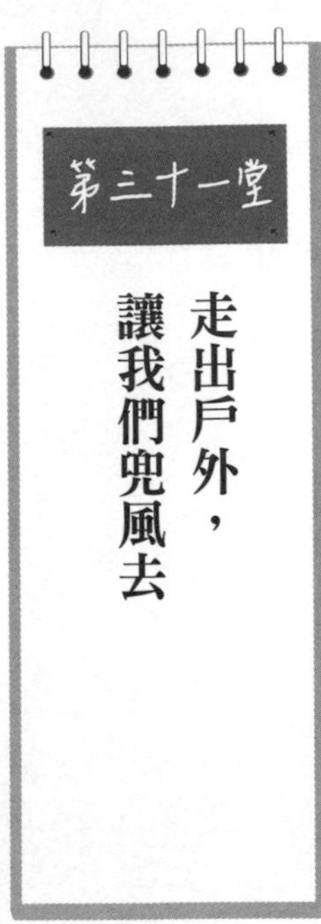

走出戶外，讓我們兜風去

「出去玩！」總是孩子最期待的盼望的，請好好珍惜這寶貴的親子時光吧！

星期天，起了個大早，把還在床上賴著的孩子們叫醒，看看時間才六點多，兒子和女兒都還是一臉睡眼惺忪，呈現夢遊狀態在盥洗，趕緊再催促了幾聲，終於才把家人都集合好，順利出門。我們的目的地是離家不遠的農場，因為一大早還未開始營業，不僅沒有收費，也不需要人擠人，更重要的是，清晨的天氣涼爽，走起路來微風拂面，感覺舒服極了。

停好車，沿著略有坡度的步道慢慢往上走，太陽才剛從山頭上升不久，陽光雖然刺眼，灑在身上卻有種不真實的夢幻感覺，兒子立刻拿出數位相機，捕捉這光影遊戲所帶來的感動。放眼望去遠方，一排又一排整齊的花卉，把山坡變成畫布，拼湊出五彩繽紛的世界，女兒跟妻子，沿途不斷研究各種花卉，討論著哪一種花或許適合在家裡的庭院栽種，並且感嘆著大自然的奧妙，竟然可以繁衍出這麼多各種不同的美麗植物。

兒子總是喜歡跑在最前頭，剛走到步道底端的他興高采烈地招著手，急著要我們加入他的行列，原來他發現從觀景臺可以望見我們家小小的屋頂，在這高高的山丘上，遠眺著前方廣闊的河階地形，立刻感受到大自然的力量和人類的渺小，我上起白然課，向孩子們解釋河階地形的定義，以及形成的原因。女兒則是提議我們在這裡來個家人甜蜜合照，順便讓遠方自己家的屋頂也一起入鏡。

氣溫隨著時間越升越高，沒有吃早餐就出門的大家都開始餓了，我們決定慢慢走下坡道，在那一片花團錦簇的園圃中，開始上班的工人拿著強力水柱灑水，噴灑出來的水珠，正巧和仰角還

• 從小就多帶孩子到戶外走走，藉此接近大自然，也創造親子間的美好回憶。（黃登漢校長 /提供）

不高的太陽演出一場美麗的彩虹秀，就在這樣令人感動的景象之中，我們結束了一段簡短的踏青之旅，額外帶來的好處是，起個清早飽食一頓早餐的全家人，在這個假日趕跑了慵懶，有著一整天的好精神。

別讓孩子成天與電子產品連了線，卻和大自然斷了線。

出外踏青真的是現代人所需要的休閒活動，科技化的生活讓我們整天面對著各種電器，像是電視、電腦、電話、電動玩具、手機等等，每一刻在視覺上所接受到的，幾乎都是電子螢幕與訊息。周遭的生活環境也充斥著人造建築，水泥建物、柏油路、紅磚道等等，這樣的生活方式，讓孩子跟大自然彷彿斷了線，也容易出現各種現代病，像是近視、呼吸道過敏等等。

其實世界上最美的景色，通常都不是宏偉的建築，而是大自然界渾然天成的美景，面對它時常忍不住讚嘆自然的魔力，原來它才是最偉大的藝術家。走出戶外，除了欣賞風景之外，也能帶著孩子觀察自然生態，學習各種知識，時代再怎麼進步，網路再怎麼方便，都比不上實地學習那樣印象深刻，那樣引人入勝。再加上清新的空氣、蔚藍的天空、金黃的陽光還有放鬆的心情，不僅可以減少各種現代病，還能釋放現代人最容易累積的壓力，在競爭越來越激烈的考試、報告、升學之中，其實孩子也很需要這樣能放鬆的時間與環境。

出外親近大自然、進行戶外活動，不見得要花費很多金錢，然而，卻可以增加親子間的關係。

家人的休閒活動，不一定要花費很多的金錢，不見得要出國旅行，不見得要南北奔波，也不需要一窩蜂的去名勝人擠人，我們可以開車到遠一點的海邊、山上，去從事戶外活動，也可以步行，就在附近的小山、公園或鄉間的田野，進行輕鬆簡單又快樂甜蜜的親子活動。只要換上舒適的休閒服，穿上輕便的布鞋，邊走邊聊，一邊觀察身旁的事物，大自然本身就是個最好的教室，而快樂的心情和家人的融洽，是最重要的元素。

為了培養孩子愛好大自然、喜歡戶外活動的興趣，出遊的方式不需要拘泥於任何形式或地點。可以找一個清幽的步道，邊聊著天，邊欣賞著景色散步；或者是騎著腳踏車，乘著涼爽的風，在一圈又一圈的踏板旋轉中，放鬆平日的緊張，也許模仿著夸父追日的浪漫，朝著夕陽而行，一路目送太陽沒入地平線；有時在山中被墨綠的高大樹木包圍著，讓芬多精替我們做一場森林浴；也可以在海邊看著藍綠色的洋流帶著魚群在海面上跳躍，觀賞雪白的浪花一次又一次衝擊著海岸。曬曬太陽吹吹風，活動筋骨流流汗，戶外活動可以是知識性的自然課，也可以是充滿樂趣的體育課，當然也會是充滿回憶，培養感情的親子時間。

配合季節賞花，更可以陶冶孩子的性情。冬天寒冷季節所開的堅毅梅花；春天還乍暖還寒時浪漫紛飛的櫻花；緊接其後最喜歡爭奇鬥豔，大肆綻放的杜鵑，或是夏天來臨前，開滿山頭彷彿五月雪的油桐花；秋去冬來之際，楓葉隨著下降的氣溫轉紅，欣賞整片的楓紅，或者撿拾一片飄落的楓葉作為書籤。夜遊可以在黑暗中搜尋著螢火蟲，在一閃一閃的小燈籠明滅下，感受大自然的奧妙；或是找個烏雲已被撥開的夜晚，抬頭看看天空裡一眨一眨的星星，對比著手上的星座盤，一邊認識著星空，一邊聽著每顆星的故事，體會古人的浪漫。如果不想特地去設計行程，趁著好天氣，找一片廣闊的空地，手上帶著一個風箏，就能陪著孩子在戶外奔跑著，一年四季，無論秋冬寒暑都可以有主題有內容，絕不會讓戶外活動變得單調或是制式化。

走吧！走出戶外讓我們兜風去！無論是感受如文人雅興的賞花、自然學習的生態教學、健康休閒的跑步運動騎腳踏車。別忘了戶外活動最主要的精神是要常常接觸大自然，而不是一曝十寒偶爾為之，真正的放鬆，實在的享受，讓它成為生活的一部份，才能夠減輕壓力，促進健康，也因為家人有更多的時間一起活動，讓感情更融洽。走吧！一家人兜風去！

累積幸福的感覺

如果父母保存期限只有十年，那麼和孩子相伴成長的歲月，就是點點滴滴珍貴的回憶了，不是嗎？

一個陽光普照的日子，我們特地前往永安漁港的一家義式餐廳，慶祝母親節的到來。一路上，跟著廣播電臺的歌曲哼哼唱唱，還說笑話跟拌嘴，車內的嬉笑聲不斷，直到進入餐廳的停車場才暫歇下來。用餐的同時，孩子們一一拿出母親節禮物，還有親手做的卡片，獻給母親，做媽媽的當然是感動莫名，這時兒子充當攝影師，拿著數位相機不停猛按快門，又是拍餐廳的菜色，又是拍家人的合照，當然也不忘記，替他們的手工卡片多照幾張。

大快朵頤之後的我們，在附近租了腳踏車，沿著海邊的林蔭步道恣意亂晃，傍晚的清涼海風吹來，帶走了夏日午後的炎熱，孩子們騎車追逐夕陽與海風，在道路上留下了長長的身影。之後，孩子們在沙灘上嬉戲，所有的家人彷彿都回到了童年，而這美好的一天，自然成為一段幸福的回憶。

幾天之後，兒子把數位相機裡的照片一一整理好之後，吆喝著大夥兒一同擠到電腦螢幕前觀看，雖然距離出遊已經過了好一陣子，工作和學業也讓大家忙碌著，但是這一刻，美好歡樂的景象，立刻隨著播放的照片，一點一滴又回到心頭，大夥兒在小小的電腦螢幕前，再度享受著那一天的幸福，彷彿重新經歷了一次愉快的母親節。

平常在家的時候，兒子就喜歡把玩著數位相機，捕捉各式各樣的「生活照」：母親在廚房三頭六臂，替家人準備豐盛晚餐的景象；父親在庭院揮汗如雨，為了割除雜草濕透衣衫；家人慵懶地擠在沙發上，看著綜藝節目哈哈大笑。還有許許多多家中擺設與庭院景物的照片，也被完整記錄下來。經過兒子仔細分類成各個資料夾：爸爸的、媽媽的、哥哥的、妹妹的、家中景物等等，還依照年份分類，每次打開檔案瀏覽，就可以看到最樸實最貼近生活的照片，讓大家討論著當年家裡有著哪些改變，幾年前的髮型是多麼有意思。

人的大腦雖然能夠記憶很多的事情，卻常常把過去鎖在箱子裡，這時候，就需要關鍵的媒介做為鑰匙，來打開這些美好回憶的寶箱。

家庭，就是要靠這樣來累積幸福的感覺。人的大腦雖然能夠記憶很多的事情，卻常常把過去鎖在箱子裡，這時候，就需要關鍵的媒介做為鑰匙，來打開這些美好回憶的寶箱。拍照是一個很有效的方法，留下影像，也彷彿是把那快樂的瞬間凍結，尤其在科技發達的現代，電腦、數位相機、數位相框等等電子消費產品發展迅速，使用數位相機拍照，不用再怕浪費底片，因此在拍照的數量上可以沒有限制，拍照的內容也可以五花八門，不必再要求非得儀容端正，就算是一連串的鬼臉也無所謂，如此一來，回憶起那值得紀念的一刻時，豐富的相片總能帶人重回現場。

其實，相片只是累積幸福感覺的一種方法，我們家有個習慣，會將孩子從小到大的日記跟作文簿都保存起來，這些看似不重要的東西，內容卻紀錄著孩子心靈成長的過程，從前看起來像是童言童語的幼稚內容，現在看起來卻別有一番滋味。

保存每一個小孩的日記、週記、作文簿，和為他們寫下的一張張字卡，都是累積幸福感覺的好方法。

我的孩子在小學三年級的日記裡頭，要寫「我最喜歡的寵物」，開頭竟然是：「好吃！好吃！真好吃！我最喜歡吃狗肉了，所以我最喜歡狗。」，相信不管是誰，看到這樣日記的起頭，一定十分吃驚，然而，他在後來又寫到：「其實我是騙人的，但是我還是喜歡狗，只是家裡不能養而已。」，現在一起討論到這樣的日記內容，只覺得怎麼會有小孩子才三年級就寫出這樣的文章？真是又好氣又好笑，而孩子長大之後，雖然偶爾聽到我們把這故事拿出來談論，不免會害羞起來，但是久而久之，他自己也能以這樣有趣的童年軼事來自嘲了。

在孩子幼年的時候，總是有著十分可愛的想法和異想天開的言語，我們也用小小的字卡，把每一個情節簡略的紀錄下來。還記得有一年全家人特地去北橫撿楓葉，卻發現沒有殘缺的楓葉多半不紅，火紅的楓葉卻幾乎都有殘缺，最小的孩子看到這種情況，自己有感而發的說：「難怪這世界上都沒有什麼十全十美的事情。」如此小大人的想法，讓我們驚訝不已，回家之後，立即用字卡記錄下來。現在拿給孩子看，他自己也難以想像，當時怎麼會說出這麼成熟的話語。

所以，每一個小孩的日記、週記、作文簿，和為他們寫下的一張張字卡，我們都十分珍惜，這是累積幸福感覺的好方法，既簡單又無須花費金錢。當家庭聚會心血來潮時，拿出來翻閱共賞，每一次都能感覺到甜蜜又溫馨，那幸福洋溢的氣氛，從無例外。

不斷地累積生活的點點滴滴，保存有趣的物品，一同分享每一段回憶，一起度過愉快的時光。

除此之外，保留一些親子之間連繫的關鍵，也很能累積情感。小孩換下的乳牙，或者是父親節、母親節孩子送的卡片，聖誕節、生日送給孩子的禮物。當這些寶物重新從櫃子裡重見光明，彷彿也帶我們回到每個不可取代的時光，尤其是一份用心製作的手工卡片，即使拿在手上看了十次百次，也不減它帶來的溫馨感覺，而送給孩子珍藏的禮物，或許是玩具，或許是衣物，雖然在孩子長大後，情感上難以像小時候收到禮物那樣雀躍萬分，不過，從他們的眼神

• 讓孩子將自己的真愛的事、物好好收藏，將會是他們童年回憶很重要的紀錄！（大大爸爸/提供）

中，還是會找回那一分童真的神采。

有人蒐集郵票，有人蒐集錢幣，有人收藏球員卡，有人收藏古董，當他們在把玩或鑑賞自己的蒐藏品時，總可以從其中得到極大的樂趣，然而，獨樂樂不如眾樂樂，這種快樂的感覺，只是獨自擁有。而最無價、最珍貴的收藏是幸福，我們不斷地累積生活的點點滴滴，保存這些有趣的物品，一同分享每一段回憶，一起度過愉快的時光。在工作疲倦的時候，在生活乏味的時候，在情緒沮喪的時候，甚至在家人衝突的時候，這些事物的蒐藏，就像神奇的鑰匙，開啟快樂，它是家人感情的膠合劑，將家人的情感凝聚在一起，也為我們的生活充電，讓我們更有信心、更有活力，而這樣的收藏最有意義，也最有價值。

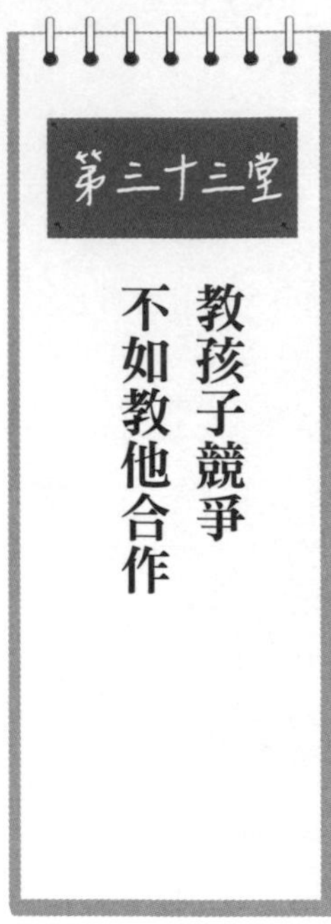

教孩子競爭不如教他合作

不懂合作的人，即使再優秀再有能力，也很難在社會上生存。因為社會是由群體組成，無法與人合作，勢必被排斥，甚至淘汰。

「合作」可能是我們教育中最缺乏的元素。其實，學校課程的品德教育，除了有講愛國的情操、有講家庭關係，也有講人際的合作。可惜的是，好多老師好多家長就只注重學科，像國語、數學、自然科學、社會等，因為這些科目要考，未來升學也要考這些。也就是說，我們一直強調德智體群美要均衡發展，但是卻不智的偏重智育而已。學校為了升學率，家長為了孩子前途，都是如此執迷不悟，孩子當然也因此受到影響。於是，我們都認為贏過別人，就是贏了。成績比別人好，就是贏了。跑得比別人快，就是贏了。在各種比賽名列前茅，就是贏了。人人都想要考高分，個個都想要當選模範生，以為這樣就是所謂的優秀，以為這樣就是未來成功的先決條件，更以為這樣就能所向無敵。

長久下來，教育的模式開始變質。學不學得到知識、會不會運用成為其次，輸贏變成重點。為了「贏」，得教孩子「如何才能打敗別人」，在學校要打敗別人最直接最具體的方法就是成績，考試要名列前茅、讀書要讀第一，任何競賽都要盡力得到冠軍。孩子接收到的訊息是「所有的同學都是你的對手（敵人），你要打敗他們，你要贏過他們」。

在這種教育環境下，大人教的、孩子學的就是「競爭」而已，靠自己的力量爭取，靠自己的力量拚命，贏就對了。大家似乎都忘了「團結力量大」，這個亙久不變的真理。我們的孩子並沒有學會，或乾脆說根本沒人教他「如何在人群當中成為一份子」。先成為團體中的一分子，然後組成一個合作無間的團隊，才能形成更強大的力量，這是我們一再輕忽卻是最重要的。

這樣的教育往往讓我們的孩子低著頭往前衝，忽略別人，越過別人，踩過別人，就以為自己勝利了，成功了。相反的，衝不贏的孩子的命運，就只是被別人忽略，被別人越過，被別人踩過，然後自認為是一個「失敗者」，搞不好從此自暴自棄，悲慘一輩子。其實，這種盲目會讓孩子不能明白「自己是團體的一分子」，也從來不會去思考「團隊的力量遠大於個人」。

身為家長的我們教孩子：要有禮貌，見了人要面帶微笑，主動跟長輩打招呼，跟鄰居說哈囉。他們以為這樣，孩子就夠大方了。

禮貌，當然是不可或缺的。只是多數的家庭缺乏教孩子與人互動交談、溝通往來、團隊合作，即使都知道微笑點頭，多年以來卻沒有真正交談過，熟人是如此，陌生人更不用說了。這樣的事實很殘酷，就像有好多的孩子，直到上了大學都還不會做自我介紹，甚至連問路也不知如何開口，或明明成年了，卻連與人交往的第一步都還沒學會，想結交新朋友根本很難，再講人際關係和團隊合作，就更是弱項了。

就算在學校的課業或活動中，也許沒有稱為「合作」的項目，但是有不少學習合作的場合，好比體育課、音樂課，另外，參加某些社團也是，如戲劇表演或樂儀隊。現代家庭子女普遍生的少，孩子在家很難直接體驗「合作」，透過學校這些考試不考，看起來並不重要的科目，能有最多的機會和最好的學習。孩子參與其中，在與同儕互相、互助、配合、溝通、協調之下，不知不覺就在學習合作，也能逐漸發現其重要性。

其他像是班級的整潔活動，搬桌椅、灑水、掃地、擦門窗、擦玻璃等，大家同心協力維護環境，是一種合作。運動會的大會操、大會舞等，從排舞到練習到正式演出，也是一種合作。團隊競賽、班際球賽、大隊接力等，不論是選手還是啦啦隊，為了勝利都卯足全力，更是一種合作。一個班級裡，就有很多練習合作的夥伴，也有很多合作的機會。所以，在學校這樣的群體裡，學到的不光是學科，應該還要學會經營人與人之間的關係，也就是人際溝通和互動，養成說服和領導的能力。

可惜的是，有很多家長不重視這些，反而還逆向而行，剝奪孩子參與這些團體活動的機會，他們認為成績才是重點，這些活動都是在浪費時間，會讓孩子分心，最擔心的是會「影響成績」，考試不考的，就是不重要的。也就是說，教育始終被考試主宰著。這是一直存在的教育問題，教改改了半天，並沒有改變，反而讓孩子的學習更辛苦卻更偏差。

很多孩子在學校成績很優秀，長大後進入社會卻適應困難。因為他們只知道競爭，沒學習過合作，無法融入團體，成為其中一分子。

家長多半已經工作一段時間，明明清楚社會型態，也了解企業是一種組織，卻沒引導孩子去學習如何和人相處，如何與人溝通協調，如何團隊合作。等他長大後，又要如何去習慣當團體的一分子，更別說要成為團隊的領導者。空有能力卻不懂溝通，不懂協調，不懂說服，不懂合作，不懂被領導，哪會領導別人？沒有合作的經驗與態度，在團隊中只能獨來獨往，因為感覺被排斥而鬱鬱寡歡，接著抱怨著懷才不遇。優秀、自信和才氣反成了人生最大障礙。

明智的父母知道學習的重點是什麼，不會盲目地要孩子當考試的機器，不會糊塗的要孩子放棄做人做事的學習機會。

我孩子在國小高年級時參加學校樂團，每天要練習、整理場地、搬樂器，還常要演出、比賽，花很多時間在上面。有朋友提醒我「不會耽誤孩子的課業嗎？」我告訴他「很多事比課業更重要」，何況本來就不該讓課業占據多數時間，要是真因此而跟不上，代表孩子學科能力實在太差，更要多培養其他能力。也就是說，不會讀書還硬逼著讀，豈不是走錯了路，讓孩子苦不堪言。

不要限制孩子在國高中時期參加社團或活動，即使升學壓力大，但人際關係也不能忽視，交朋友重要，有知己很重要，合作態度與團隊精神更重要，這些都是課外學習的重點，也是成長的要素。等上了大學，不管是在班級在社團，或住宿舍和室友朝夕相處，都是練習人際關係的機會。學習與人相處，是認識自己，更是確認自己能否成為團體領導者的課題。

孩子要成長，不只要提升能力，還要在群體中找到自己的定位，並與人互動良好，如此一來，不僅不孤單，而且會更勇敢。也因為結交朋友，匯集更多人的力量而變強大，勇於面對困難，敢於開創未來。

反之，即使號稱資優、學霸，一旦進入以團隊合作為主的環境，卻無法與人合作的，勢必過得非常辛苦，甚至可能背負被淘汰出局的壓力。團隊合作是一種趨勢，幾乎沒有什麼工作是是單憑一己之力就能完成的，就算是SOHO族（在家接案）也必須和業主或客戶溝通協調。所以，無法和人合作的人，在現今的社會上根本很難立足。

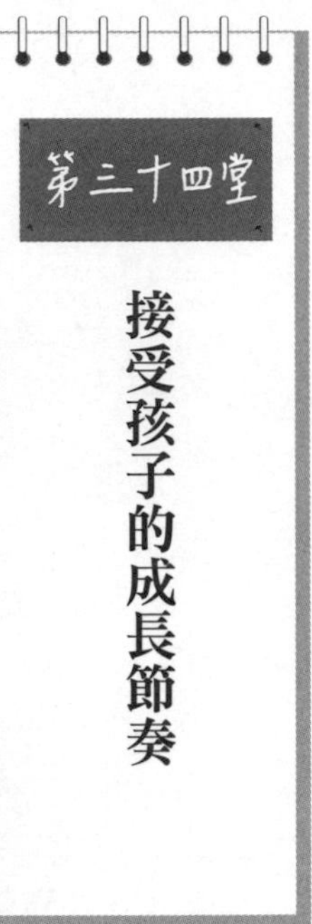

接受孩子的成長節奏

很多父母想把自己的方式、節奏，套用在孩子身上，這往往是一個很大的錯誤，因為整個世界整個社會，原本就不是只有一種模式。

我的女兒從小就是一個慢節奏的人，她總是慢條斯理的，好像一點都不著急，她所表現出來的，就是從容不迫。

但做父母的我們一向是急性子，實在受不了她的慢節奏，雖然是她的事情，我們卻總是著急的不得了。這樣的事情一再發生，大人在旁邊聲聲地催促，當事人卻還在她的世界慢吞吞，真的是皇帝不急急死太監。

女兒小時候蠻可憐的，因為我們一急起來，就會開始用聲音催趕提醒著，到最後耐不住性子，就直接動起手來——抓著她，趕鴨子上架。幫她穿衣服、幫她拿東西、幫她走路（拖拉著她上車出門），任何事都在催促與責罵中進行。大人希望她起床盥洗穿衣服快一點，吃飯喝湯快一點，寫作業快一點，洗澡快一點，走路要快一點……。幼小的她總是被逼的一臉沮喪。

孩子顯得很可憐很無辜，大人顯得很無奈很生氣。可是，做父母的總覺得孩子太無所謂，太不積極，太不負責，才會做起事情老是慢吞吞。

女兒慢慢長大之後，有愈來愈多事情必須自理，我們更不耐煩了，每次在一旁都看到火冒三丈，因為她依然故我，還是用慢節奏在處理事情。這樣的日子，大人小孩都難過，但時間久了，我們居然習慣了。尤其發現女兒是可以把事情做好的，她是有責任感的，從來沒有因為拖拖拉拉而耽誤事情。

慢慢地發現孩子節奏就是跟我們不同，我們開始覺悟她本來就不是我們的複製品，她是她自己，是一個跟我們不一樣的人。

記得女兒國中時，負責製作班上園遊會的海報，我們看著她從準備材料、剪貼、做畫等，後來實在受不了她的慢吞吞，乾脆不等她，直接上床睡覺。殊不知第二天放在桌上的是一張精緻的海報，讓人訝異這是出自於她的作品。隨著時間過去，孩子愈是長大，我們愈發現彼此節奏就是不同，開始覺悟她本來就不是我們的複製品。孩子並沒有我們想像的那麼糟，她只是一個跟我們不一樣的人。

這是身為爸媽必須承認必須接受的事實，尤其當她已經是一個成熟的人，我們根本不可能代替她去處理事務，更不可能事事幫她做主。她自己的事要用自己的方式與節奏去完成，其他人哪來這麼多意見，為什麼要操這麼多的心呢？孩子的人生，應該由他們自己主導。

做父母有一種學習，是要學習對孩子真正了解，對孩子真正信任。我們本來就應該放心放手，接受他與我們的不同。

有一次，孩子的音樂老師告訴我，他好欣賞我家女兒，欣賞她的從容不迫、穩重和優雅氣質，在團體裡，行為舉止都比同學要來的成熟，能力也比同年齡的孩子強一點，這時，我們才清楚知道，在別人的眼中，那一些女兒的缺點竟然是一種優點。原來我們錯了，我們認定的標準徹底錯了。

這是父母的一種學習，學會對孩子真正了解，對孩子真正信任。我們本來就應該放心放手，接受他與我們的不同。我們向孩子道歉，道歉多年來的急躁與不了解，道歉我們的自以為是，還有，讓她委屈了。

女兒的慢節奏在現在看起來，無論做人或做事上，都實在比我們這些急躁的大人優雅多了。她比我們自信多了，甚至比我們更深思熟慮。因為太過急躁反而顯得有些不成熟和幼稚，偏偏過去還一直自以為這樣子就是「積極」。對我而言，這樣的覺悟與反思，是我們教養人生的重大成長。

然而，像我們這樣的父母太多了，總以為自己是大人，自己有經驗，自己很懂，於是一直把孩子當成長不大的小孩，從來都不去看自己的問題。身為爸媽，一直用自己的模式、自己的節奏，去教孩子，要求孩子，卻從來不知道自己並不夠成熟，也不夠完美。當大人把自己的經驗套用在孩子的身上，用自己的標準來要求孩子，用自己所認為的一切來規範孩子，這往往就是錯誤的開始，因為每個人所適用的模式都不會一樣。

會這樣做的大人，往往都是沒有真正的接納孩子和尊重孩子的大人，就是心裡早有成見，認為不論孩子長到多大，他肯定做不好的。我們自以為有豐富的社會經驗，自以為有完整的人生閱歷，但其實不是完全正確，也不見得十分高明，怎麼會拿自己的不成熟和不完美去要求孩子變成熟變完美。聽起來，這是極為愚蠢可笑的行為，同時卻是多數的家長不自覺的行為。

一個急驚風會看不慣慢條斯理的做事方式，相反的，慢郎中也會受不了性子急的人啊。那又為什麼要孩子必須跟大人一樣才是對的呢？

好比在過去，有很多的父母會硬要左撇子的孩子改用右手，理由很簡單，只因為大人本身習慣使用右手，就認為慣用左手就是怪異的、不方便的。只是在強迫孩子改變的過程中，恐怕深深傷害孩子而不自覺。天生慣用哪一手並沒有對錯問題啊，何必要求孩子跟大家一樣才是對的呢？這大概是為人父母想都沒想過的問題，但也是最大的問題。

做事節奏快或慢，道理是一樣的。一個真正負責任的人，不見得要用很快的速度來做事情，而且講話快、走路快、做事快的人，也不見得比較負責任。重點應該放在「是不是能在限定時間內，把應該做的事完成」，即使提早完成了，也不代表這個人的能力比較好。一個急性子會看不慣動作慢吞吞的人，相反的，做事保持慢節奏的人肯定也看急性子不順眼吧，大概會覺得他們老是莽撞行事，或做人做事思慮不周。其實，人就是因為老是用自己的標準和經驗在看別人，才會做出這麼多不合常理的批判。

大人是不是能夠看得更清楚，是不是能給孩子更大的空間呢？只要他們的方向沒有錯誤，又何必去操控孩子走路的腳步呢？不要連孩子走路的速度與節奏都要標準化，放心與放手是父母的聰明，尊重則是一種真正的智慧。

親子關係裡面最悲哀的狀況就是不了解。不了解孩子的優點，不了解孩子的能力，不了解孩子的節奏，不了解孩子的想法。不管是哪一種的不了解，都是悲哀，因為既然生他養他，生活在一起那麼長一段時間，竟然連自己的孩子都不了解。因為不了解，所以不接受，自然而然就會對孩子產生不合理的要求，結果造就了比悲哀還慘的悲慘。

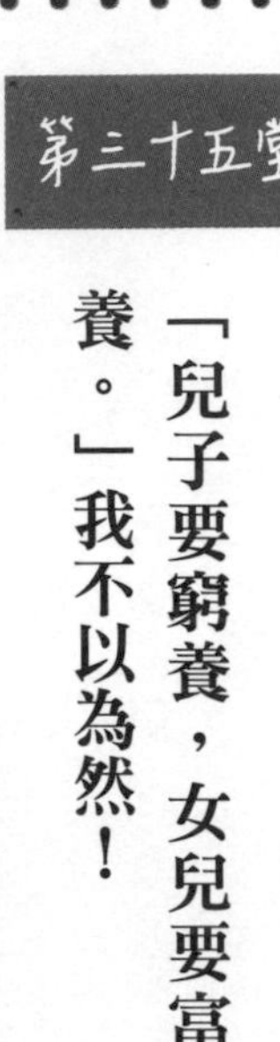

第三十五堂

「兒子要窮養，女兒要富養。」我不以為然！

「兒子要窮養，女兒要富養。」對於這樣的子女教養我有著不同的看法。我認為教養最重要的是「同甘共苦」。

在網路上看到這樣的一個標題，「兒子要窮養，女兒要富養。」這一篇文章有很多人傳閱，也得到很多人的認同和讚賞。文章的論點是養兒子要讓他吃苦，要養的他將來能夠刻苦耐勞，女兒則要養的她有眼界、品味高、眼光高。可是我並不以為然，對於這樣的子女教養我有著不同的看法。

第一個問題，如果刻苦耐勞對於人生的未來是很重要的，那女兒為什麼不用學吃苦？如果有眼界、有品味、有眼光，是社會上做人重要的元素，那兒子難道就不需要嗎？

第二個問題，如果明明家裡沒有錢，那你要如何富養女兒？是打腫臉充胖子的裝富有，還是父母做牛做馬，省吃儉用來給女兒花用，這樣的女兒有辦法在家裡生活嗎？相反的，家裡經濟條件明明不錯，卻要教兒子吃苦耐勞，是家庭裡用兩種方式生活？孩子心甘情願嗎？受得了嗎？不覺得被虐待？這是什麼家庭？

第三個問題，如果家裡有兒又有女，那豈不是更麻煩。明明都是父母生的，明明都是一家人，卻要來進行所謂的「兒子窮養，女兒富養」，搞得家裡兄弟姊妹待遇不公平，我不相信兒子的心理會平衡，我更不相信兒子會認為這是為他好，這樣的不和諧，還像個家嗎？

網路上流傳著許多訊息，多看也要多想想，盡信書不如無書，盡信網路不如無網路，多思考一下其中的合理性和可信度，如果什麼都相信，猶如那些鄉間口傳的秘方，常常治不了病，還要了人的命。最後根本也找不到人來負責，當事者也只能自認倒楣了。

我認為教養最重要的是「同甘共苦」。

所謂的同甘共苦，也就是說我們應該依照自己的家庭經濟能力狀況來養小孩。現在很多年輕人不敢生養小孩，因為聽說養孩子的花費很高、壓力很大，但是說真的養孩子當然要花錢，可是其中的樂趣和家庭的幸福感更是美好，這是沒有孩子的家庭無法體會的。重點是養孩子不要跟別人比，人家吃什麼、用什麼，那是人家的事，每一家的經濟能力不同，人家送孩子讀雙語幼兒園，我們如果沒有能力，讀普通的幼兒園，就讀住家附近的幼兒園，方便接送就好，難道這樣孩子就會養不好？

一般小康家庭比上不足，比下有餘，量力而為，不驕傲，不自卑，教養孩子過著不富也不窮的小康生活，但是家人用心相處就對了。我們家就是用這樣的方式生活，家庭氣氛很好，孩子快樂成長，知道要負責、要努力，因為父母沒有產業、沒有財富可以給他們，他們懂事又獨立，學校畢業出社會後為自己的人生努力，毫無怨言。

那經濟能力不好的家庭能夠就不能生小孩嗎？窮有窮的養法，因為經濟不佳是事實，那就讓孩子跟著大人吃苦吧！一家人省吃儉用，認真努力的生活，不可能讀私立學校，那就受國民義務教育；沒錢補習，就自己用功些；如果無法讀書就好好學習一技之長；如果要讀大專院校就申請助學貸款，家人一條心，大家一起吃苦，一起努力，只要孩子有骨氣、有志氣，一樣可以教養出人才。

富有富的養法，可以用好的東西，可以過優渥的生活，可以讀昂貴的私立學校，家長有能力支持孩子學習才藝、培養氣質，甚至還可以規劃出國留學。家境富有是一種良好的條件，可以支持孩子更多，如果孩子喜歡藝術、喜歡音樂，那就不用考慮將來能不能賺錢，做父母的可以讓孩子盡情地學習，讓他開心的走著自己人生路，不用考慮經濟問題，這是多麼美好的事情。

所以，所謂的「同甘共苦」，其實就是因家庭有著經濟上的差異性，我們學校教育常常說個別差異，因材施教，家庭家庭教育也是同樣的，就是要看自己的狀況，要看自己的能力和條件。簡單地說，不用管是親戚、朋友、同事、鄰居，每家不一樣，不必去跟別人比較，要依照自己的情況，依照自己擁有的優勢，去生活，去教養小孩，去發揮，去發展。

窮困的家庭站在低處，努力往上爬，往往可以教養出吃苦耐勞、肯奮鬥的孩子，有可能因為這樣培養出白手起家的企業家。富貴人家恰恰相反，站在高處，可以培養出有遠見、有眼光的孩子，可以依靠家裡原有的事業和財力，作為基礎，去發展，去擴張，讓成功更成功。這都是順勢而為。

千萬不要忘了環境是教養孩子最重要的因素，孩子生長的家庭就是他生活的環境，明明就是這樣的狀況，何必強迫，何必偽裝，更何必去學習別人、模仿別人，忘了自己跟別人的不一樣，更悲慘的事情就是非要逆勢而為，可以說是必然的失敗。

當然富有肯定是一種強大的力量，家長要懂得如何好好的運用來栽培孩子，但是千萬不要因為家裡富有，只是讓孩子養尊處優，養成了紈褲子弟，除了吃喝玩樂，一點能力都沒有。古人說過：「富不過三代。」這是因為父母不懂教育，不懂使用富有的力量來推升孩子，反而讓錢財腐敗了家庭。這也正是社會上大家常常在嘲笑暴發富的原因，除了家裡有錢，腦袋裡空空的。

而貧窮也是一種力量，不要自卑，英雄不怕出身低，可以好好運用人窮志不窮來激勵孩子，讓孩子比別人勤奮，讓孩子比別人堅強、勇敢，因為沒有山可以靠，所以一定要靠自己。千萬不要家長帶著孩子被貧窮打敗，只會怨天尤人，毫無志氣，自甘墮落，向下沉淪，那就會一代不如一代，永遠翻不了身。

富人有富人的教養原則，窮人有窮人的教養方式，小康有小康的教養內容，各養各的孩子，過程絕對不同，但是都有成功的途徑。富有、小康、貧窮，那是現實的狀況，重點在於做父母的清楚教育的本質嗎？教養孩子用心嗎？如果觀念正確，如果做法正確，那經濟能力和家庭環境根本都不是問題。

教養手札

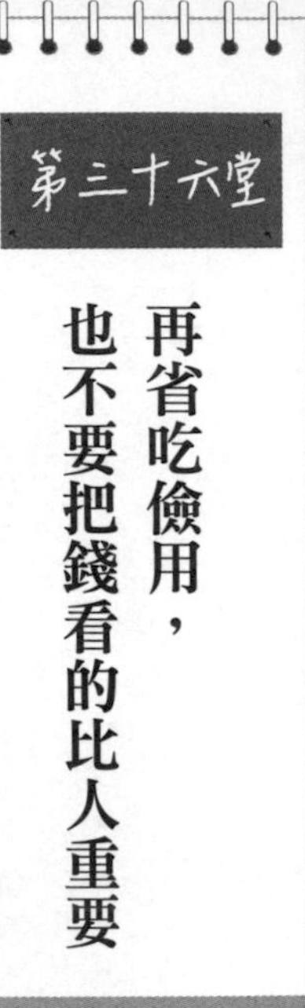

第三十六堂

再省吃儉用，也不要把錢看的比人重要

是什麼人把孩子養得如此現實，讓他們竟然視錢財比父母親還重要，到底是什麼樣的關係互動產生的結果？

看到一則這樣的新聞，讓人不勝唏噓，養兒防老怎會變成了大煩惱，用心養育長大的孩子不但不知感恩，還讓父母痛心痛恨，這到底是怎麼一回事？

「老先生雖不算巨富，但是也有不少資產，的確是該規劃一下，於是他問了代書，決定利用每年贈與免稅額，將財產逐步轉移給子女，幾年的時間就把大部分的資產移轉完了。

在重男輕女的觀念下，他把大部分的財產和房產都給了兒子，但他兒子去年開始，竟一直催老先生從現住的房子搬出去，要他去住養老院，兒子的理由是不動產行情看跌，所以他準備先賣掉轉換成現金。

老先生不答應，兒子竟然在電話中威脅老先生，若不搬走，等老先生死了，他也不會去掃墓，老先生氣炸了，他覺得很後悔，當初為了想要省一點遺產稅，最後換來的卻是兒子的不孝的態度和言語的威脅。為避稅先送房給兒，怎知下場變這樣？」

因為這樣的新聞看多了，這樣的故事聽多了，所以在許多長輩群中，大家互相口耳相傳，千萬不要把財產太早移轉給孩子，千萬要緊緊掌控抓住，到死也不要放手，這樣孩子才不會因為你沒錢了，然後就變臉了。

也就是說，我們仍然以為金錢就是一種權力，這個權力可以掌握你的地位，這是多麼悲哀的一種想法，這也是非常悲慘的一種處境。我們養兒防老竟然變成老了防兒，這是什麼樣的親子關係？我們該不該去思考教養的問題，是什麼人把孩子養得如此現實，他們竟然視錢財比父母親還重要，這到底是什麼樣的關係互動產生的結果？

其實很多時候，做父母的常忘了孩子就在身邊漸漸長大，你的一言一行在影響著孩子，他看在眼裡，感受在心裡，這些做人做事的價值和方法，是父母教育出來的，不要推給別人，因為他們就是在你們的家裡長大的。

省吃儉用好像也不是什麼壞事，但是把錢看的比人重要，就是奇怪又無情的價值觀。那天看到了，一個朋友是這樣的處理著家裡發生的事，我只能搖頭嘆息。

開車發生車禍了，是誰都不願意的，朋友的孩子回家之後，十分懊惱自責，因為一時不注意而和別人的車輛擦撞之後，要事故賠償。他知道自己的收入不多又要花一筆這樣的錢，實在覺得很不值得。

做父親的怒聲斥責，並沒有慶幸孩子發生的只是個小車禍，雙方都沒有受傷，而是不斷地責罵孩子開車不小心，生氣之下更是口不擇言，越講越難聽，從車禍講到孩子沒出息，只賺那麼一點錢。接著，又說孩子自己沒錢買車，這麼大了，還要開他的車，比起表哥的兒子差得多。這些話句句都傷人，孩子沉默了，雖然沒有出言頂撞，但是相信這些話語都已經深深地刺進了心裡。

像這樣一個父親，他給孩子的教育是金錢最重要，賺錢最重要，人的價值還不如錢。你說你愛孩子，你說你關心孩子，結果事情發生時，孩子發現他在爸爸的心中竟然不如一輛車子，這是多麼的殘忍和殘酷的事。金錢價值大過一切這樣的觀點，其實是極錯誤，而且是極傷感情的，即使是最天生的親情也經不起這樣的摧殘。

做事當然應該要謹慎，開車關係到安全更應當要格外小心，但是生活中有些意外的發生也是在所難免，孩子並沒有無所謂不在乎的態度，他本身的懊惱已經是重大教訓。論語裡記載，孔子聽聞他負責管理的馬廄失火，他急忙追問的是有沒有人受傷，而不是問馬，也就是說，他清楚人的價值遠比財務的損失更是重要，這是一個非常重要的教導。

在我上班工作時，也曾見過一個勤儉出名的同事，他自己非常節省，對於朋友同事他當然也是捨不得花錢，常常寧可占人便宜，讓人議論，與人來往失禮，都不在乎。他認為自己的收入不高，所以他做什麼事情都是衡量金錢在先，就是這樣的想法。最後，他罹患嚴重的感冒，醫生因為怕轉換成肺炎而病情更嚴重，希望他住院，但是為了考核獎金，他不願意請假，寧可抱病上班。就這樣子延誤了病情，最後緊急送醫竟然回天乏術，離開了人世。為了一筆獎金，而忽略了自己的健康和生命，留下了弱小妻兒，家中頓失支柱，還真是讓人唏噓，更讓人很難理解，這是什麼樣的人生？

金錢觀其實也是人生觀的一部分，如何衡量金錢，它是一種價值觀，價值觀很重要的。常常聽聞有男人愛車超過愛老婆，總是擔心太太開車技術不好，會把車子撞壞，因而碰都不讓妻子碰他的車子，這樣子的惜物愛物，卻是讓對方感受就是你不愛我。這樣的夫妻關係怎麼會好？更多的時間都會為了錢而爭吵，這樣的家庭氣氛怎麼會和諧？

我們養孩子的過程中，在生活的互動當中，大人的價值觀其實也就在影響著孩子。也許是節省，也許認為賺錢不容易，但是在人與物質之間的衡量，在人與錢之間的比較，把錢放大了，把人縮小了，這樣可怕的觀點，顯然輕易的就推翻了父母平常對孩子的關懷和愛。

我們並不是不在乎金錢，也不是教孩子浪費，但重點是錢是賺來的，錢也是要用的，這一切都比不上人的重要，尤其家人的安全，家人的健康絕對勝過金錢。不要等到有一天，孩子也用同樣的標準來衡量你，你老了沒有生產能力，不會賺錢了，你老了，沒有用了。老了、病了，需要花很多錢，孩子衡量之後，覺得錢比你還重要，這個時候你痛心你痛恨，但是這不就是長年以來你教導他的價值嗎？這不就是當年你對待他的相同情況嗎？

撒播了什麼樣的種子，發了什麼樣的芽。你自己養的教的孩子，是你讓他建立的這樣的一個可悲的金錢價值觀，怨不得別人。

教養手札

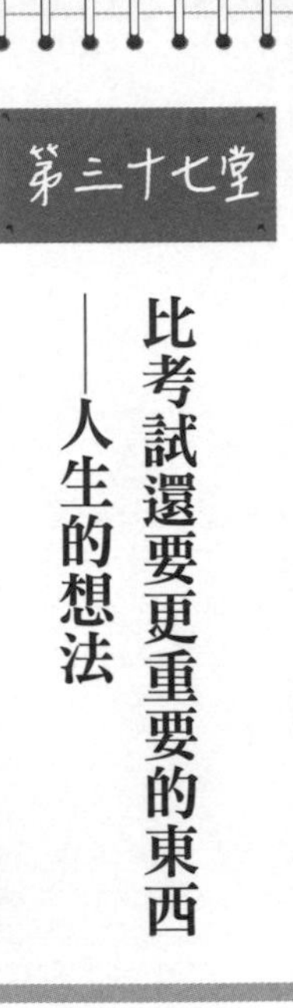

比考試還要更重要的東西
——人生的想法

> 教養是要教孩子思考，最基本的思考，就是根據事實做判斷，做選擇，做決定；而不是叫他埋頭苦讀，什麼都不要想。

在暑假當中很多人已經考完試，很多家長在乎孩子能不能考到好學校，有沒有考到好學校。最近，有一個朋友談到孩子讓他很困擾，孩子目前高二要升高三了，這是最後的一個暑假，但是孩子對於讀書卻是一點動力也沒有。他真的擔心明年要如何面對考試的後果。但是還有著更大的問題是，這已經高中二年級的孩子，對於自己的人生和未來沒有一點想法，也就是說他不只是不想唸書而已，而是沒有目標，沒有方向，什麼都沒有。

這樣的事情，在我們的社會很常見，因為許多孩子的生活中只有一件事情就是讀書，他不知道為什麼讀書，他也不見得喜歡讀書，而重點是父母在養育他的過程，要求他什麼都不要想，只要好好讀書。這樣的教養方式，要不是把孩子養成溫馴的小白兔，養成書呆子，就是養成厭惡讀書，卻又沒有想法的人。我們要教孩子思考，最基本的思考，就是根據事實做判斷，做選擇，做決定。要讓他思考他的人生，而不是叫他埋頭苦讀，什麼都不要想，這正是孩子沒想法的原因。

如果說只是不知道為何而唸書，這還算正常，在我們的教育制度中，很多人都不知道為什麼要這樣子讀書。其實並不是所有人都喜歡唸書，並不是所有人都能夠把書讀好，甚至可以說書讀得好不好其實也不見得跟未來的前途有關。但是沒有方向，也不知道要努力什麼，這樣的人生才可怕。十七、八歲了，高中生了，其實年紀已經不小了，完全沒有想法，空白的腦袋，哪一天才會長大？這樣子到底要如何去面對未來？

我給這位朋友的建議，也是給很多家長相同的建議，請花時間心平氣和的好好跟你的孩子談一談，談什麼？首先談我們家的經濟財務狀況如何，有沒有事業可以繼承？如果想繼承家業那要怎麼去做？如果不想接棒家庭的事業，那想要走什麼樣其他的路？要如何走？如果我們家沒有事業可以傳承，那也是多數上班族的家長，要讓孩子清楚他必須為自己的未來找出路，那他想要做什麼？會唸書，書唸得好，是不是可以靠讀書找到一條平坦的路？不會唸書，書讀不好，那要從哪個方向去尋找機會？親子好好的討論，很務實的討論，父母用最簡單的邏輯來分析事情。

讓孩子清楚家中能夠提供的支持及支援能到什麼程度，而不可能供應的，不可能提供的更要讓他明白。家長是上班族，要讓孩子很清楚父母的能力，即使盡其所能盡所有的提供，也不可能供應他長大後的經濟生活，所以一切是他必須要自己面對的。那他的人生，他將來的工作和生活要看他自己的能力，而他的學習和努力決定他的能力。

跟孩子談事實，跟孩子分析家裡的情況，不是說大道理，不是講古人講的話，而是很清楚的分析，讓他明白。做父母的不要吹噓自大，也不該自卑。清清楚楚的家庭背景，清清楚楚的父母能力，如果孩子明白處境，他會知道應該怎麼面對未來的人生，也許是輕鬆愉快的，也許是非常艱難的，也許可以高人一等，也許必須比別人還要加倍努力。這些都是很實際的事情，孩子的明白，就代表他的成熟長大了。

很多父母只是莫名的要孩子用功讀書，但是從來不談實際的情況，從來不看社會的層面，這是盲目的，不要學古人說，「書中自有黃金屋，書中自有顏如玉」，這根本就不是事實。在教育界服務多年，發現實際上沒有多少人是喜歡讀書的，尤其我們的課程設計，好像大部分都只是為了考試，實在很難讓人產生興趣。因此，就算要孩子好好讀書，也應該讓他清楚讀書會帶來什麼樣的機會和選擇，而不是模糊的要求孩子只要把書讀好就對了。

談到養孩子，我養了三個孩子，我清楚自己只是個上班族，家中也沒有資產，所以我很早就讓孩子明白，你的未來要靠你自己努力，有好的能力，能夠找到好的工作，勝任愉快，就能過好的生活。如果想要創業，也是要白手起家，因為家裡沒有資金可以挹注投資。這是多麼明白的事情，其實就是讓孩子了解狀況，不了解狀況就是閉著眼睛，盲目的學習，盲目的努力，盲目的人生，多麼可怕。

和年輕人聊天講話，最怕的就是反覆重複一些人道理，真誠的坦白的，去談論事實，也讓孩子很合邏輯的看待人生，這是非常重要的一件事情。我跟朋友說，要讓孩子知道私立大學學費比公立大學昂貴許多，要讓孩子知道到外地讀書住宿生活要花費更多，要讓孩子知道父母的薪資有限，家裡沒有源源不斷的金錢，可以任意的花費。他如果不能體認這些事實，將會造成家裡超額的負擔，不要造成家裡的負擔，就是要努力，目標很明確。

這是為人子女最基本的責任，這是現實，父母的能力有限，家庭不是一個無限公司，父母的責任不是無限量的供給，孩子不要任意揮霍父母對他的愛。要孩子知道自己的家庭，跟同學不見得一樣，同學的家庭狀況也不是人人相同，每一個人應該以自己的家庭狀況，來面對，來考慮，來規劃。

不要替孩子做人生的決定，要讓他自己做決定，不要替孩子負責任，要他自己負人生的責。但是要讓他明白情況，這樣他的決定才會務實，這樣他的選擇，他的努力才是實在的，也才有可能腳踏實地地走向未來。

其實在社會中，我們早已經看見，許多的成功人士，透過不同的行業，經由不同的途徑走向成功，卻有著相同的原因，主要依靠的不是埋頭苦幹，而是對人生有著想法，會積極地思考、判斷、選擇、決定。因此，在同樣的行業裡他可以出類拔萃，在同樣的工作中他很快就脫穎而出，這是真正的能力，也是我們希望自己孩子能擁有的能力，那怎能不教導孩子思考呢？

教養手札

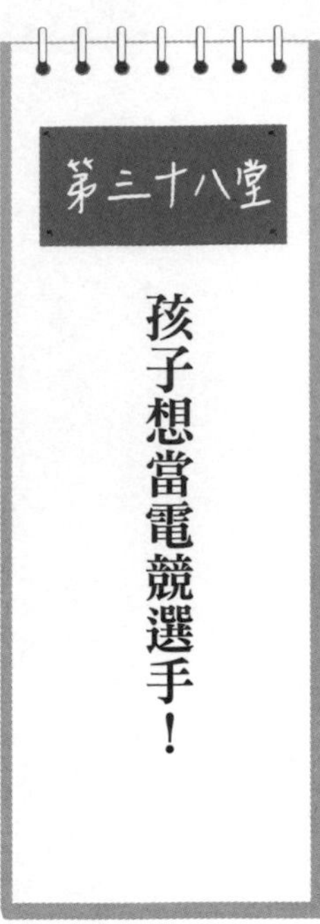

孩子想當電競選手！

「電競」這兩個字代表的是什麼？孩子把這個當成目標真的沒問題嗎？

在這個年代，父母親最頭痛的事情，大概就是孩子沉迷於網路的遊戲，基本上又怕孩子的資訊能力不如人，卻很難預防孩子因為接觸電腦而沉迷遊戲之中。這樣的心情，還真讓人不知如何是好。演講時，常有家長提出這個讓他們煩惱的問題。

最近聽到的更為有趣，許多孩子因為父母親要他們遠離鍵盤，遠離電腦，減少坐在電腦桌前的時間，當然就是不要他們打電腦遊戲。他們卻也講出了一個讓人不知如何拒絕的理由，他說我不是沉迷電腦遊戲，我是立志要成為電競的選手，想要成為世界冠軍為國爭光，所以我不是在玩而是不斷地在苦練，希望爸爸媽媽能夠支持我。

這樣的理由真冠冕堂皇，理所當然地就可以花更多的時間練功，父母甚至應該花更多的金錢購買更好的電腦設備，才能夠協助孩子成就人生的理想大志願。這樣的說法讓父母親們很困擾，對於青少年時期的孩子，過於嚴格又怕他反抗，但是順從他就走上電競選手的路途，放棄課業，放棄正常的學習，然後還要讓他日日以繼夜地打電腦遊戲，不但不能阻止了，還要支持。這要如何是好呢？

是的，近幾年來電競產業在台灣蓬勃發展，許多小孩也以電競為生涯目標，在家裡玩手機、玩遊戲，但看在家長眼裡卻十分頭痛，時常就成為親子之間起口角衝突的緣由，面對孩子說，「這是我的夢想」、「你不懂」的控訴時，父母真的束手無策，成為許多家長的教養煩惱。但到底「電競」這兩個字代表的是什麼？孩子把這個當成目標真的沒問題嗎？

直接說道理，孩子根本就聽不進去，你如何能夠說服孩子，讓他放棄成為電競選手的夢想。這不是坐在那裡訓話，講人生大道理，就能夠完成的事情，這也是做為父母教養子女的最大難題。青少年根本不願意聽父母的說教，這年紀的孩子根本不願意接受父母這樣的指導。

那要怎麼辦呢？我給家長們的建議，問題出在電腦，那我們就從電腦解決，問題出在網路，我們就透過網路找答案吧！

上網搜尋吧！跟孩子一起上網搜尋吧！打一些關鍵字，開始搜尋在台灣電競選手們的出路和他們的現況，甚至是曾經得過世界冠軍的選手，他們現在的情況如何？看看這些資料，這些新聞，這些報導，我們再來討論問題吧！

「好黑暗！南韓職業電競選手千民奇（音譯）原本懷抱著偉大的夢想加入了AHQ Korea《英雄聯盟》代表隊，卻意外發現隊伍經理人只是在利用他們打『假比賽』，藉由場外非法賭局牟利，千民奇一想到自己投入人生換來的只是一場空，心灰意冷之餘，竟留下遺書從12樓高樓跳樓自殺，震驚韓國社會。

電競選手的生涯精華集中在14至20歲這段時間，一旦失敗了，沒有學歷支援和其他一技之長，這些年輕人很難在嚴苛的南韓社會生存，『再5分鐘後，我就不在世界上了……。』絕望的千民奇在臉書留下一段悲憤的遺言，細述了自己被騙的過程，『我真的再也受不了了……。』」

以上是搜尋所得南韓電競選手千民奇悲慘的遭遇。

「苦讀10年無人問，一戰成名天下知。全球頂尖《英雄聯盟》中路選手『西門夜說』劉書瑋，曾是台灣電競界備受期待的一顆新星，如今卻因與母隊『曜越鬥龍』

的糾紛，害他半年不能參賽。劉書瑋在接受《ETtoday 新聞雲》專訪時感慨，台灣企業無心經營，電競選手看似風光，其實只是被壓榨的『另類台勞』。」

這則是台灣電競界發生的事情。

電競產業絕對是一項非常嶄新的產業，電子遊戲的發展距今才不過三、四十年而已，而將電競作為職業運動，嚴格來說也才十多年，相較於其他許多百年以上的職業運動產業，電競不僅許多制度和規範尚未建立，而且目前還沒有任何人能以「電競選手」這一身分真正的完成他的人生。

在二〇一七年底，政府將電競納入「運動產業發展條例」，電競正式被視為一項運動，遊戲公司為了推展他們的產品，當然也想盡辦法作活動，辦比賽，因此更讓「電競選手」成為電玩愛好者十分嚮往的職業。

104人力銀行再深入分析具有「電競選手」工作經歷的74名受訪者，指出電競選手平均月薪為3.1萬元，若想要擁有更高的收入，就必須在比賽中嶄露頭角。曾任電競公司「中國數碼文化」董事長特助、補校名師徐薇的兒子江大成就直言：「如果打不出成績，沒有頂尖選手的身手，那你就準備去炸雞排。」

事實上，真正的電競比賽與一般青少年想像的差很多，是非常疲憊的，五個人一隊，每天都必須面對實力相當的對手，無時無刻都要和對方五人拼戰術、想對策，通常全神貫注打了兩場就精疲力竭。而且與一般人不同，你的每一個動作都有非常多人在同步觀看，做為選手每次失誤都是要遭受眾人嘲笑唾棄，這和「玩」遊戲有很大的落差，是必須面對非常巨大的壓力。

就算憑著比賽成績擠進一線隊伍後，入行月薪為4～5萬元，高階選手為7～8萬元，最高階選手的月薪則上看10萬元。其實收入也是普通而已，除了高薪不易爭取，電競選手的職涯也相當短暫，平均只持續十五點三個月，且平均在23歲左右就退役了。

電競選手的生涯如此短暫，遊戲興衰淘汰快速，在韓國更有「一遊戲一選手」的說法，也就是再厲害的選手只能在一款遊戲上發光發熱，當這個遊戲沒落時，也就是選手生涯結束之時；那才不過短短幾年的光景。很多人以為電競只須坐在椅子上，無須用到多少體力，應該比較不會受到體力隨年齡下滑的限制；其實，因為電競需要高度的專注力與敏銳的判斷力，電競選手的黃金時期非常短暫，大約25歲之後就會慢慢淡出舞台。也就是即使成為頂尖的世界級高手，也一樣會在不到三十歲就失業了，這樣的人生投資或者選擇也未免太殘酷了。

答案就在電腦網路裡，和孩子坐在電腦桌前，搜尋然後閱讀這些資料，然後討論，這是不是一項理想的好工作？是不是值得不顧一切的投入？父母和孩子好好地聊一聊吧！

後記一

做孩子一輩子的良師

難得到臺北來，沒想到，在十字路口等燈號過馬路，眼看著天空飄著毛毛細雨，自己又沒帶傘，心想，今天可能會很狼狽。沒料到，過了馬路，卻遇到一個年輕人擋在路中間，他大叫一聲：「老師！」我愣在那裡，端詳了半天，才看出是一個將近二十年不見的學生。他說：「老師，我開車路過，看到你在等紅燈，所以特地停車在這裡守候著你，要跟你打一聲招呼。」這樣的驚喜，讓我好多天都沈浸在喜悅當中。

有時候，學生在我的部落格裡留下了多年不見對老師的想念和感謝；有時候，一通電話打來，說著他們已經為人父母，要請教老師教養小孩的方法。在一年裡不知道有多少次的同學會，學生相約來看老師，雖然是師生關係，可是他們都已是成年人，我們根本是朋友。就是這樣隨著時間過去，學生一個個長大了，有好多的驚喜和美好，不斷地發生，這時候，最能感受當老師的價值和意義。以前的用心和付出，現在一一開出美麗的花朵，結著甜美的果實。這一切，都是為人師表的喜悅。

我們知道要做一個好老師，要有能力要有魅力，才能夠吸引孩子跟隨你，聽從你的教導。我們知道跟學生在一起，除了方法，還要花時間，跟他們接近，才能夠真正地瞭解。因為瞭解，才會被信任，因為接受，所以才會受歡迎，因為你接觸到他的內心，才讓你有魅力，也因為瞭解，才能夠因材施教。

教育的道理是那麼簡單，卻常常有很多人做不到。因為，傳統的觀念和教養模式，讓大人高高在上，充滿權威感。當老師和家長的，總是喜歡拿大道理教訓小孩，完全不去瞭解孩子心裡的感受，和他們成長所面臨的狀況。自以為是的道理，自以為是的愛，一直是老師和家長拼命用心又用力，卻常常犯下的錯誤。

我們夫妻同心協力為家庭而努力，互助合作養育子女，沒有誰主內誰主外的分別。教養兒子以我為主，她幫忙；撫育女兒以她為主，我協助。處理事情時，情緒失控的人退場由另一個人接手。長久以來，我們的家境不富有但是很快樂，生活很充實卻不忙碌。那是一種取捨，錢可以少賺一些，幸福不能少一點；工作應該認真，但不該影響家庭。孩子的成長只有一次，不能等待，不能重來。

時間過去了，我的孩子也長大了。在他們小的時候，我們是他們的臺階，讓他們一步一步踏實地走著，一天一天地成長。現在，他們是我們的望遠鏡，因為有好的學習態度跟習慣，即使畢業離開了學校，他們仍然不斷透過各種管道在吸取新知，還不斷地與做父母的我們分享，教我們新的科技和方法，提供我們新的訊息，讓我們的世界變得更寬廣。

這是多麼美好的感覺，我們在享受，享受著工作，享受著生活。無論是學生還是孩子，他們以前是一棵棵小樹，如今已長成大樹，以前要花費心力照顧他們，現在我們是悠閒的坐在樹下觀賞美景，感受到習習涼風迎面吹來。

• 做孩子一輩子的良師，是送給他們人生最好的禮物。（黃登漢校長/提供）

校園霸凌讓父母不安心

霸凌就是眾欺寡，強凌弱，換句簡單的話說，就是欺負。最近校園霸凌成了熱門新聞，各個談話性節目也討論不停，一時之間，校園彷彿成了蠻荒叢林，充滿危險，作父母的無不擔心自己的孩子在學校的安全。

其實，這不是新鮮事，這樣的行為和事件一直存在，只是這些年的社會變遷，更顯得變本加厲，原因是家庭教育的退化，破碎家庭愈來愈多，沒空、沒能力管教子女的父母愈來愈多，再加上網路遊戲的暴力，電視、電影內容的偏差推波逐瀾，孩子對暴力言語、行為聽的多見的多，已經習以為常。他們的價值混亂，行為脫序，甚至還覺得光榮，四處炫耀。然而在單純的校園裡，師長絕對無法接受，社會大眾更是譁然，認定這是教育失敗。

霸凌基本上有幾種型態，有肢體的欺凌、言語的辱罵、羞辱和精神的排斥隔離。但是發生不是全面性的，有發生的原因和特定的對象。如同非洲大草原上，猛獸攻擊的草食性動物，通常是瘦弱的、落單的。也就是說通常會遭受欺負的，往往是膽怯、弱小或肥胖、反應較遲緩的，人際關係不佳沒有朋友的，這些弱勢的孩子，被嘲弄、勒索、欺凌，也往往得不到同學的幫助，甚至沒有人會報告老師。

有人會說這就是教育失敗，因為我們應該要同情弱者，應該要尊重關懷他人，但是這是理想，不是現實，學校教導的沒有家長以身示範的的徹底，現實是大人自己也沒做到尊重關懷弱勢，你看馬路上開快車的猛按喇叭驚嚇那些新手菜鳥，甚至逼車，讓技術或反應差的駕駛驚慌失措。這是我們的社會，大人做一套說一套，如此教導孩子，還怪學校老師沒教好。

當然升學壓力大，有些學校為了升學考試採取能力分班，這很容易造成階級對立和報復的行為，學校越瞧不起這些成績不好的孩子，老師越侮辱這些不會唸書的孩子，學校設備遭破壞的情事就越多，暴力的行為越氾濫。這是學校該負的責任，而迷失在升學率代表辦學績效的教育人員，是該深切反省和檢討，為何迎合部分的家長，為何自己由教人的老師成了教升學考試的工具？

但是在學校工作了三十年，也看見越來越多的怪獸家長，孩子跌倒也要怪學校，有時孩子之間遊戲追逐碰撞受了傷，就說是遭到霸凌，學校處理不順他的意，就找民意代表和媒體開記者會，弄得驚天動地，最後常常是自己的孩子，說話有所保留，為了想推卸責任撒點小謊，十分難堪的結局，但是受傷的是學校和教育，因為後半段的事實，媒體沒有興趣，不會再報導。

霸凌不見得和你的孩子會扯上關係，當然做家長的也要教導孩子觀察環境和形勢，為了安全，不去混亂的場所，不走偏僻小路暗巷，不逞口舌之快，不強出頭，這不是膽小，這是遠離是非之地。不只是學生在校求學是如此，我們在社會上也是如此。有人深夜在海邊公園談戀愛約會，遇上了一群飆仔，結果被毆打、勒索。這是社會治安的不安，是警察該負的職責，但是我們何必要陷自己於險地？這既不是勇敢，也不是甚麼冒險犯難的偉大精神。

有時霸凌的對象也常常是他們自己一夥的，因為糾紛，因為情感，因為爭奪地位、地盤，而有了鬥毆相殘。所以作父母的可能要更清楚自己子女平日的交友和作為，霸凌他人時，破壞公物時，聽到家長直呼孩子是交友不慎被帶壞，可是挨打了，便大聲的指責對方，其實孩子已經誤入歧途了，推卸責任和指責他人改變不了孩子的沈淪，將來還要嘗到更悲慘的苦果。

所有的孩子原本都像小天使一樣善良可愛，但是誰讓他們長成了豺狼虎豹，成了霸凌他人的加害者？其實，霸凌可以減少，就像治安可以改善一樣，社會富足人人安居樂業，犯罪率會降低，而校園霸凌的情況要好轉，需要從父母和老師著手，父母關心子女，老師關心學生，家庭生活得到安定溫暖，學校學習感到愉快溫馨。讓孩子的成長是健康又健全的，不是破碎的，不是扭曲的，那才是教育的真正目的。

管教，要掌握鬆緊！
校長爸爸的38堂民主型教養課
【暢銷新增版】

國家圖書館出版品預行編目 (CIP) 資料

管教，要掌握鬆緊：校長爸爸的 38 堂民主型教養課 / 黃登漢著 . -- 4 版 . -- 臺北市：新手父母出版，城邦文化事業股份有限公司出版：英屬蓋曼群島商家庭傳媒股份有限公司城邦分公司發行，2023.08
面；　公分
ISBN 978-626-7008-42-3(平裝)
1.CST: 親職教育 2.CST: 子女教育

528.2　　112009396

作者：黃登漢
選書：林小鈴
主編：陳雯琪

行銷經理：王維君
業務經理：羅越華
總編輯：林小鈴
發行人：何飛鵬

出版：新手父母出版
城邦文化事業股份有限公司
台北市中山區民生東路二段 141 號 8 樓
電話：(02) 2500-7008　傳真：(02) 2502-7676
E-mail：bwp.service@cite.com.tw

發行：英屬蓋曼群島商家庭傳媒股份有限公司城邦分公司
台北市中山區民生東路二段 141 號 11 樓
讀者服務專線：02-2500-7718；02-2500-7719
24 小時傳真服務：02-2500-1900；02-2500-1991
讀者服務信箱 E-mail：service@readingclub.com.tw
劃撥帳號：19863813
戶名：書虫股份有限公司

香港發行所：邦（香港）出版集團有限公司
香港灣仔駱克道 193 號東超商業中心 1F
電話：(852) 2508-6231　傳真：(852) 2578-9337
E-mail：hkcite@biznetvigator.com

馬新發行所：城邦（馬新）出版集團 Cite (M) Sdn Bhd
41, Jalan Radin Anum, Bandar Baru Sri Petaling, 57000 Kuala Lumpur, Malaysia.
電話：(603)90563833　傳真：(603)90576622　E-mail：services@cite.my

封面設計：徐思文
版面設計、內頁排版：徐思文、劉麗雪、劉鵑菁
圖片提供：黃登漢、薛玫伶、薛慧瑩、賴依蘭、劉鵑菁、詹嫵馨、王維邦、陳香君、謝蕑鎂、高淩華、孫美玲、廖之瑋
製版印刷：卡樂彩色製版印刷有限公司

城邦讀書花園
www.cite.com.tw

2010 年 11 月初版｜2013 年 11 月 2 版｜2017 年 11 月 3 版｜2023 年 8 月 4 版　Printed in Taiwan
定價 380 元
ISBN　978-626-7008-42-3（紙本）｜ISBN　978-626-7008-45-4（EPUB）